리틀 의사가 꼭 알아야 할 의학이야기

내일을 여는 리틀 전문가 5
리틀 의사가 꼭 알아야 할 의학 이야기

초판 1쇄 발행 | 2008년 6월 20일
초판 8쇄 발행 | 2017년 6월 20일

지은이 | 양대승
그린이 | 김민정
펴낸이 | 양진오
펴낸곳 | (주)교학사
등록 | 1962년 6월 26일 제18-7호
주소 | 서울특별시 마포구 마포대로 14길 4
전화 | 편집부 (02)7075-328 영업부 (02)7075-155
팩스 | 편집부 (02)7075-330 영업부 (02)839-2728
홈페이지 | www.kyohak.co.kr
편집 | 김인애, 김길선, 김효성
디자인 | 하늘땅

ⓒ 우리누리, 2008
ISBN 978-89-09-20231-2 74510
ISBN 978-89-09-09846-5(세트)

이 도서의 국립중앙도서관 출판예정도서목록(CIP)은 e-CIP홈페이지
(http://www.nl.go.kr/cip.php)에서 이용하실 수 있습니다. (CIP제어번호:2008001352)

함께자람은 (주)교학사의 유아·어린이 책 브랜드입니다.

· 잘못 만들어진 책은 구입하신 서점에서 바꾸어 드립니다.
· 이 책 내용의 전부 또는 일부를 재사용하려면 반드시 지은이와 (주)교학사 양측의 동의를 받아야 합니다.
▲ 주의 : 책 모서리가 날카로우니 떨어뜨리지 않도록 주의하시고,
   책장을 넘길 때 종이에 베이지 않도록 주의하시기 바랍니다. (사용 연령 : 만 8세 이상)

리틀 의사가
꼭 알아야 할
의학 이야기

양대승 글 | 김민정 그림

머리말

질병에 맞서 싸운 고마운 의학 이야기

"병에 걸리지 않고 건강하게 사는 방법은 없을까?"

누구나 한 번쯤은 이런 생각을 해 봤을 거예요.

감기라도 한 번 걸리고 나면, 건강이 얼마나 소중한지 새삼 깨닫게 되지요.

사람들은 누구나 건강하게 살고 싶어해요. 병에 걸리기를 바라는 사람은 없잖아요. 하지만 오랜 옛날부터 질병은 끊임없이 사람들을 괴롭혀 왔어요. 수천만 명을 한꺼번에 죽인 무서운 질병들도 많았지요. 사람들은 질병과 싸우기 위한 무기를 개발했어요. 그것이 바로 의학이에요.

사람들을 괴롭힌 질병과 그에 맞서 싸운 의학, 과연 누가 이겼을까요? 질병과 의학의 싸움에는 아주 놀랍고 재미있는 이야기들이 가득하답니다.

질병이 인류의 역사를 바꾸었다는 사실을 아세요?

페스트라는 질병은 중세 시대를 막 내리게 했어요. 아스테카 왕국

　이 600여 명도 안 되는 에스파냐 군대에게 멸망한 것은 천연두 때문이었어요. 나폴레옹의 군대가 러시아에게 진 것은 발진티푸스라는 전염병 때문이었고요.

　웃지 못할 일들도, 깜짝 놀랄 만한 일들도 많았어요.

　먼 옛날에는 무당이 의사였다는 사실을 알고 있나요? 어떻게 무당이 의사 역할을 했을까요?

　중세 시대에는 수술을 의사들이 아니라 이발사가 했어요. 이발사가 수술을 했다니?

　어떤 의사는 콜레라균을 마셔 버리기도 했어요. 왜 그랬을까요?

　흥미진진한 의학 이야기를 읽고 나면 모든 궁금증이 풀릴 거예요. 그리고 의학이 얼마나 고맙고 소중한지 깨닫게 될 거예요.

　자, 그럼 이제 놀랍고 재미있는 의학의 세계로 여행을 떠나 볼까요?

양대승

차례

질병이 역사를 바꾸었다? _ 8

질병은 신이 내린 벌이 아니다 _ 14

가장 오랫동안 서양 의학을 지배한 사람 _ 20

사람의 몸 속을 보다 _ 26

수술의 고통에서 해방되다 _ 34

히포크라테스 선서 _ 40

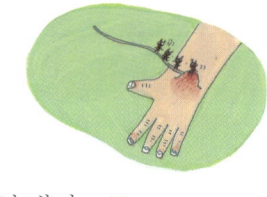

병을 일으키는 세균을 찾아 내다 _ 42

박테리아는 뭐고, 바이러스는 뭐야? _ 48

간단한 소독으로 수많은 사람을 살리다 _ 54

병균으로부터 우리 몸을 지켜라 _ 60

천연두, 지구상에서 사라지다 _ 66

의사들은 어떤 병원에서 어떤 일을 할까? _ 74

병균으로 병균을 이기다 _ 76
곰팡이에서 찾아 낸 위대한 발견 _ 82
살아 있는 사람의 몸 속을 보다 _ 88
채소를 먹지 않으면 병에 걸린다? _ 94
동물 피로 수혈을 했다? _ 102
의사가 되려면 어떻게 해야 할까? _ 108

신에게마저 버림받은 사람들 _ 110
중세 시대를 막 내리게 한 페스트 _ 116
산업화가 가져온 재앙 _ 124
질병의 또다른 원인들 _ 130
환경 오염이 병을 만든다 _ 136
인류애를 실천한 의사들 _ 142

돌연변이 세포가 일으키는 무서운 질병 _ 144
새롭게 다가오는 공포 _ 150
동양에는 동양 의학이 있다 _ 156
우리 나라에는 우리 의학이 있다 _ 162
미래 의학은 어떤 모습일까? _ 168
차별과 편견을 뛰어넘은 여성 의사들 _ 174

질병이 역사를 바꾸었다?

질병과 함께 살아가는 사람들

이 아이들의 공통점이 뭔지 알겠니? 바로 모두 병에 걸렸다는 거야.

병에 걸리지 않고 건강하게 사는 것은 모든 사람들의 꿈이야. 하지만 사람은 누구나 한 번쯤은 질병에 걸려. 아마 평생 동안 작은 질병 하나 걸리지 않고 사는 사람은 없을 거야. 암과 같이 목숨을 잃을 수도 있는 무서운 질병뿐만 아니라, 감기, 식중독, 혹은 피부에 생긴 염증도 모두 질병이라고 할 수 있으니까 말이야. 결국 우리는 질병과 함께 살아가고 있는 것이지.

 질병은 사람들에게 큰 고통을 줘. 병에 걸리면 몸이 아프고, 주위 사람들을 걱정하게 만들어. 또한 질병 때문에 사랑하는 사람을 잃을 수도 있어. 이처럼 질병은 사람들의 삶에 커다란 영향을 미친단다.

질병이 역사를 바꾸다

 질병은 개인뿐만 아니라 사회와 역사에도 큰 영향을 미쳐. 역사의 흐름을 바꾸어 놓기도 했고, 예상치 못한 엄청난 결과를 가져오기도 했단다. 몇 가지 예를 들어 볼까?

 고대 그리스의 아테네는 여러 도시 국가 가운데 가장 힘이 셌어. 그런데 스파르타의 침입을 받아 멸망하고 말았지. 아테네가 스파르타와의 전쟁에서 진 이유는 무엇일까? 가장 큰 이유 중 하나는 바로 전염병이야. 스파르타와 전쟁을 하는 동안 전염병이 돌아서 아테네 사람들 3분의 1 이상이 목숨을 잃었거든.

 고대 로마는 크리스트 교를 탄압했어. 크리스트 교를 믿는 수많은 신자들을 잡아다가 처형했지. 이런 엄청난 탄압 속에서도 크

리스트 교를 믿는 사람들은 점점 늘어만 갔어. 결국 313년, 로마의 콘스탄티누스 대제는 크리스트 교를 인정해 줄 수밖에 없었지. 이후 크리스트 교는 로마의 국교가 되었고, 지금까지 서양 문화를 지배하고 있단다. 왜 로마는 크리스트 교를 국교로 삼았을까?

당시 로마에는 300여 년이라는 긴 세월 동안 크고 작은 전염병들이 돌았어. 질병을 신이 내린 벌이라고 여겼던 로마 사람들은 자신이 믿는 신에게 매달렸어. 하지만 질병을 이길 수 없었지. 그때부터 사람들은 크리스트 교에 관심을 갖게 되었어. 크리스트 교에서는 예수가 많은 병자들을 낫게 했을 뿐만 아니라, 제자들에게 마귀를 쫓고 병을 치료할 수 있는 힘을 주었다고 말했기 때문이야. 또, 사람이 죽은 뒤에는 영원한 행복이 있는 천국에 갈 수 있다고 말했어. 이런 이유로 전염병이 심해질수록 크리스트 교를 믿는 사람들의 숫자는 계속 늘어났단다.

만약 로마 제국이 300여 년 동안 전염병에 시달리지 않았다면 크리스트 교가 공인되지 않았을지도 몰라. 그랬다면 크리스트 교가 모든 것을 지배했던 중세 시대나 십자군 전쟁 같은 사건은 일어나지 않았을 거야.

　1519년, 에스파냐의 코르테스 장군은 600여 명의 병사를 이끌고 **아스테카 왕국**을 공격했어. 당시 아스테카 왕국은 중앙 아메리카에서 가장 강력한 국가였어. 그런데 겨우 600여 명도 안 되는 에스파냐 군대에게 멸망하고 말았단다. 어떻게 이런 일이 가능했을까?

　아스테카 왕국이 멸망한 것은 무기나 병사 때문이 아니라 바로 천연두 때문이었어. 에스파냐 병사들이 옮겨 온 천연두 때문에 대부분의 아스테카 사람들이 순식간에 목숨을 잃었거든. 아스테카 왕국은 제대로 싸워 보지도 못하고 에스파냐 군대에게 항복할 수밖에 없었지. 안데스 산맥의 고원 지대에 있던 잉카 제국 역시 아스테카 왕국과 마찬가지로 천연두 때문에 힘없이 무너지고 말았단다.

　만약 천연두가 없었다면 어떻게 되었을까? 아마 백인들이 아메리카 대륙을 정복하는 일은 쉽지 않았을 거야.

백인들이 아메리카 대륙을 정복하지 못했다면, 아메리카 대륙에 미국이나 캐나다와 같은 나라를 세우지도 못했을 테고 말이야.
유럽을 정복한 나폴레옹은 1812년, 60만 명이 넘는 대군을 이끌고 러시아로 쳐들어갔어. 당시 러시아 군대의 병사는 25만 명 정도밖에 되지 않았어. 나폴레옹은 손쉽게 러시아를 정복할 것이라고 생각했지. 하지만 결과는 참담한 패배였어. 나폴레옹의 위풍당당했던 대군 중 살아 돌아온 사람은 4만 명도 채 되지 않았거든. 한때 유럽을 정복했던 막강한 나폴레옹의 군대가 왜 이렇게 처참하게 무

너졌을까?

　나폴레옹의 대군을 무너뜨린 것은 러시아 군대나 매서운 추위가 아니라 '발진티푸스'라는 전염병이라고 해. 발진티푸스의 유행으로 나폴레옹 군대는 러시아 군대와 싸우기도 전에 맥없이 쓰러져 버린 거야. 러시아 원정에 실패하고 엄청난 수의 군대를 잃은 나폴레옹 제국은 결국 무너지고 말았단다.

　시대에 따라 유행한 질병도 있었어. 1200년대의 한센병, 1300년대의 페스트, 1500년대의 매독, 1600년대의 천연두, 1800년대의 콜레라와 결핵, 그리고 20세기의 슈퍼 독감 등이 그것이야. 이 질병들은 전쟁에서 죽은 사람들 숫자와는 비교도 할 수 없을 정도로 많은 사람들의 목숨을 빼앗아 갔어. 그래서 어떤 사람은 "인류의 역사는 질병의 역사다."라고 말하기도 했지.

　이제 왜 우리가 질병과 질병을 치료하는 의학에 관심을 가져야 하는지 알겠지?

의학의 시작

질병은 신이 내린 벌이 아니다

질병은 언제부터 있었을까?

질병은 인류가 이 세상에 나타날 때부터 있었어. 아니, 인류가 이 세상에 나타나기 전부터 있었다는 것이 더 정확할 거야. 인류가 나타나기 훨씬 전에 살았던 공룡의 화석에서도 공룡들이 병에 걸린 흔적을 발견할 수 있으니까 말이야.

고대 이집트의 미라들을 살펴보면, 폐렴, 홍역, 한센병, 말라리아, 결핵 등에 걸린 흔적이 있어. 그리고 이집트 사람들이 그린 벽화에는 소아마비에 걸린 사람도 있어. 이것으로 미루어 보면 수천 년

전 이집트에도 오늘날 우리가 앓고 있는 질병 대부분이 있었다는 것을 알 수 있단다.

질병은 신이 내린 벌이다

사람의 목숨을 위협하는 질병은 먼 옛날 원시 시대 사람들에게도 가장 무서운 것이었어. 사람들은 질병이 왜 생기는지, 그리고 어떻게 해야 질병을 치료할 수 있는지 생각하기 시작했지.

원시 시대 사람들은 **질병이 귀신 때문에 생긴다**고 믿었어. 귀신이 머릿속에 들어와서 머리가 아프고, 뱃속으로 들어와서 배가 아프다고 생각했던 거야. 그래서 병을 일으키는 귀신을 몸에서 쫓아 내면 병이 나을 수 있다고 믿었어. 원시 시대 사람들은 기도나 굿을 해서 몸 안에 들어온 귀신을 쫓아 내려 했단다. 이 때는 **무당이 바로 의사**였던 거지.

머리뼈에 난 구멍의 비밀

원시 시대 유적지에서는 종종 구멍이 나 있는 머리뼈가 발굴되곤 한다. 대체 왜 머리뼈에 구멍이 나 있을까?

❶ 사냥이나 전쟁에서 머리를 다친 사람이 많았기 때문에.
❷ 머리에 난 병을 치료하기 위해서 일부러 구멍을 냈기 때문에.
❸ 원시 시대 사람들은 원래 머리에 구멍이 나 있었기 때문에.

원시 시대 사람들의 머리뼈에 난 구멍은 병을 치료하기 위해서 일부러 뚫은 것이다. 원시 시대 사람들은 머리가 아픈 것은 머릿속에 귀신이 들어왔기 때문이라고 믿었다. 그래서 머리에 구멍을 내서 귀신을 내보내려고 한 것이다.

말도 안 되는 치료법이라고? 하지만 이 치료법은 1800년대까지도 곳곳에서 사용되었다.

　사람들은 원시 시대에서 벗어나 마침내 문명을 이룩하게 되었어. 그 결과, 세계 4대 문명이라 불리는 이집트 문명, 황허 문명, 인더스 문명, 메소포타미아 문명이 생겨났지. 원시 시대에 비해 엄청나게 발달한 기술과 체계적인 종교도 갖게 되었어. 하지만 아무리 문명이 발달해도 질병에 대한 사람들의 생각은 크게 달라지지 않았단다. 체계적인 종교가 생기자, **질병을 신이 내린 벌이라고 생각했거든.**

　사람들은 병에 걸리면 자신들이 믿는 신에게 잘못을 고백하고 용서를 구했어. 그리스 사람들은 의술의 신 아스클레피오스에게, 이집트 사람들은 태양신 라를 비롯한 이집트 신들에게, 유대 인들은 여호와에게 병을 낫게 해 달라고 빌었지. **신에게 용서를 빌고 신의 노여움을 달래기 위한 제사를 올리는 것이 당시 사람들이 생각한 최고의 치료법**이었어. 그래서 신을 섬기는 성직자들이 의사나 마찬가지였단다.

뱀이 감긴 지팡이의 비밀

세계 보건 기구는 1948년, 세계 모든 사람들의 건강과 위생을 위해서 만들어진 국제 연합의 한 기구이다.

그런데 세계 보건 기구의 마크 한가운데는 이상하게도 뱀이 감긴 지팡이가 그려져 있다. 왜 세계 보건 기구의 마크에 뱀이 감긴 지팡이가 들어갔을까?

바로 그리스 신화에 나오는 의술의 신, 아스클레피오스 때문이다. 아스클레피오스는 죽은 사람도 살릴 수 있을 정도로 뛰어난 의술을 가지고 있었다고 한다. 그래서 아픈 사람들은 아스클레피오스에게 제물을 바치고 신전에서 하룻밤을 자며 병이 낫기를 빌었다.

아스클레피오스는 언제나 뱀이 감긴 지팡이를 들고 다녔는데, 이 뱀은 약초를 찾아 내는 특별한 능력이 있었다. 이런 이유로 아스클레피오스의 뱀이 감긴 지팡이는 오늘날 세계 보건 기구의 상징이 되었다.

의학의 아버지, 히포크라테스

모든 사람들이 병을 고치기 위해 신을 찾을 때, 질병은 신이 내린 벌이 아니라고 주장한 사람이 있었어. 바로 히포크라테스야.

히포크라테스는 기원전 460년쯤, 그러니까 약 2500년 전 그리스에서 태어났어. 히포크라테스는 환자들을 직접 관찰하고 치료하면서 의학적인 지식을 쌓아 갔어. 환자의 땀, 대변, 구토물, 고름, 가래 등을 만져 보거나 냄새 맡았고, 심지어 맛을 보기까지 했어. 이렇게 많은 환자들의 상태를 세밀하게 관찰한 결과, 히포크라테스는 종합적인 결론을 내렸어.

"질병은 신이 내린 벌이 아니다. 모든 병은 자연적인 원인으로 생기기 때문에 자연적인 방법으로 치료해야 한다."

히포크라테스는 주문을 외우는 대신 환자에게 맞는 음식과 운동을 알려 주고 약을 사용했어. 히포크라테스가 죽은 뒤에 엮어진 〈히포크라테스 전집〉에는 각 질병의 분류와 치료법이 자세히 적혀 있어. 그뿐만 아니라 의사로서 가져야 할 마음가짐에 대해서도 중요하게 다루고 있단다.

히포크라테스는 관찰과 이성적인 판단을 통해서 그 때까지 주술과 종교에서 벗어나지 못했던 의학을 과학으로 끌어올린 사람이지. 그래서 히포크라테스를 '의학의 아버지'라고 부른단다.

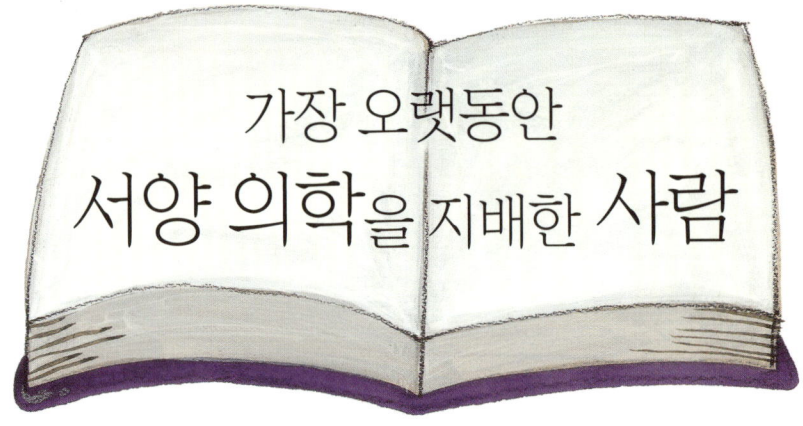

가장 오랫동안 서양 의학을 지배한 사람

고대 그리스 의학을 집대성한 갈레노스

히포크라테스와 함께 고대 서양 의학을 대표하는 사람은 갈레노스야. 갈레노스란 이름을 들어 본 적이 있니? 히포크라테스는 사람들에게 잘 알려져 있지만, 고대 로마의 이름난 의사였던 갈레노스를 아는 사람은 그리 많지 않아.

하지만 갈레노스가 서양 의학에 미친 영향은 히포크라테스보다 훨씬 크단다. 히포크라테스는 과학적인 의학의 기초와 의사가 마땅히 지켜야 할 도리 등 정신적인 측면에서 서양 의학의 시초를 이루었지만, 가장 오랫동안 서양 의학을 실질적으로 지배한 것은 갈레노스의 의학 이론이었거든.

가장 오랫동안 서양 의학을 지배한 사람

갈레노스, 그는 누구인가?

출생 : 히포크라테스보다 약 600년 뒤인 129년쯤, 소아시아(현재의 터키 지역)에 있는 페르가몬이라는 도시에서 태어났다.

가족 관계 : 정확히 알려져 있지 않다. 아버지가 유명한 건축가였다고 하지만, 어떤 건축물을 지었는지는 모른다.

의학을 배우게 된 계기 : 어린 시절에 철학을 주로 공부했는데, 아버지의 꿈 때문에 의학을 공부하게 되었다. 갈레노스가 열다섯 살이 되던 해, 아버지의 꿈에 의술의 신 아스클레피오스가 나타나 갈레노스에게 의학을 가르치라고 말했다. 그 날 이후 아버지는 아들에게 의학 공부를 시켰다.

주요 경력 : 유명한 스승들을 찾아 지중해의 여러 도시를 다니며 의학을 공부했고, 고향에서 검투사들을 치료하는 관리로 일했다. 그 뒤, 로마에서 명성을 얻어 아우렐리우스 황제의 전속 의사로 활약했다.

갈레노스는 히포크라테스 이후의 그리스 의학을 집대성하고 체계적으로 정리했어. 그 때까지 경험을 통해서만 알고 있던 의술을 과학적이고 논리적인 방법으로 정리하여 기술에 머물러 있던 의학을 학문으로 발전시킨 거야. 갈레노스는 진정한 의사가 되기 위해서는 학문적인 지식이 있어야 한다는 것을 강조했어.

"의학은 단순한 기술을 익히는 것이 아니다. 좋은 의사가 되려면 다양한 지식을 가지고 있어야 한다. 논리학, 윤리학, 기하학 등을 잘 알아야만 진정한 의술을 펼칠 수 있고, 사람들에게 존경받는 의사가 될 수 있다."

갈레노스는 철학과 의학에 관한 수백 권의 책을 썼어. 갈레노스의 책은 너무 많아서 다 읽기도 힘들 정도였단다.

갈레노스의 이론, 종교와 맞아떨어지다

갈레노스의 명성은 죽은 뒤에 더 높아졌어. 갈레노스가 남긴 책에는 질병의 진단과 치료법 등 의학의 거의 모든 분야에 대해서 자세히 적혀 있었어. 사람들은 갈레노스의 의학 이론을 절대적인 지식으로 받아들였지. 의사들은 갈레노스의 업적을 입이 마르도록 칭송하고 그의 이론이라면 무조건 외웠어.

물론 갈레노스의 이론에는 잘못된 부분이 많이 있었어. 병을 진단하는 방법이 틀린 곳도 많았고, 엉뚱한 치료법, 심지어는 몸에 해로운 치료법도 있었지.

하지만 갈레노스의 이론이 잘못되었다고 비판하고 나서는 사람은 아무도 없었단다. 갈레노스가 잘못되었다고 말했다간 사람들에게 엄청난 비난과 공격을 받기 일쑤였거든. 그래서 사람들은 갈레노스의 이론을 뛰어넘는 새로운 시도나 발견을 아예 하려고도 하지 않았어.

갈레노스의 이론은 중세와 르네상스 시대에 걸쳐 1400년이 넘는 긴 시간 동안 서양 의학에서 절대적인 힘을 발휘했단다.

갈레노스의 의학이 그렇게 오랜 세월 동안 아무런 의심도 없이 받아들여진 까닭은 무엇일까? 그건 바로 중세라는 특수한 시대 상황 때문이었어.

중세는 종교가 모든 것을 지배하던 시대야. 학문이나 예술 등 모든 것이 크리스트 교를 위해서 존재했지. 크리스트 교의 가르침에 벗어나는 주장을 하면 그 주장이 아무리 올바른 것이라고 해도 받아들여지지 않았어.

갈레노스는 사람을 포함한 모든 자연은 신의 뜻에 따라 만들어졌으며, 아무리 하찮은 것이라도 신이 만든 목적이 있다고 믿었어. 이러한 갈레노스의 신념이 종교를 중시하는 시대 상황과 잘 맞아떨어졌던 거지. 그래서 갈레노스의 의학 이론이 성경 같은 권위를 가졌던 거야.

갈레노스의 의학 이론은 1500년대 후반까지 서양 의학을 지배했어. 그 때까지 서양 의학은 특별한 발전도 없이 갈레노스의 이론에 머물러 있었지. **근대 서양 의학은 갈레노스의 이론을 넘어서면서부터 시작되었다**고 할 수 있단다.

 해부학

사람의 몸 속을 보다

근대 의학의 기초를 닦은 해부학

사람의 몸은 수많은 근육과 뼈와 장기 등으로 이루어져 있어. 심장은 어디에 있고 어떤 역할을 하는지, 뼈와 근육은 어떻게 생겼고 몇 개나 되는지 알기 위해서는 어떻게 해야 할까? 가장 좋은 방법은 사람의 몸을 갈라서 그 안에 있는 장기와 기관들을 살펴보는 거야.

사람을 비롯한 생물체의 몸을 갈라서 그 안을 직접 관찰하는 것을 '해부'라고 해. 해부학은 해부를 통해 생물체를 이루는 각 부분이 어디에 어떤 모양으로 있는지를 밝혀 내는 의학의 한 분야이지. 해부학은 근대 의학을 발전시킨 결정적인 계기가 되었단다.

가장 먼저 사람의 몸을 해부한 사람은?

고대 이집트에서는 미라를 만들기 위해서 뱃속에 있는 내장을 꺼냈다. 하지만 그것을 해부라고 볼 수는 없다. 미라를 만든 것은 의학적인 목적이 아니라 시체가 썩는 것을 방지하기 위해서였기 때문이다.

기록에 남아 있는 최초의 해부학자는 기원전 250년쯤(약 2260년 전)에 알렉산드리아에 살았던 헤로필로스와 에라시스트라토스이다. 이 두 사람은 해부를 통해서 뇌, 위, 간, 핏줄, 심장 등을 관찰했다. 심장의 좌우 양쪽에 각각 두 개의 방이 있다는 것과 심장이 뛰기 때문에 맥박이 생긴다는 것도 알아 냈다. 하지만 두 사람보다 먼저 누군가 해부를 했는지는 알 수 없다.

동물 해부를 바탕으로 한 갈레노스의 해부학

갈레노스가 이룩한 업적 가운데 하나는 바로 해부학이야. 갈레노스는 검투사를 치료하는 의사로 일한 적이 있었어. 경기 중에 칼에 찔리거나 베인 검투사들의 상처를 보면서 사람 뱃속의 장기를 관찰할 수 있었지. 이 때부터 갈레노스는 사람 몸 안에 있는 장기에 관심을 가지게 되었어.

"인체의 구조를 밝히는 것은 신의 지혜와 능력을 알기 위해 필요한 일이다."

갈레노스는 해부를 통해서 사람의 몸 안을 관찰하고 싶었어. 하지만 로마 시대에는 사람의 몸을 해부하는 것이 허용되지 않았어. 갈레노스는 하는 수 없이 원숭이, 돼지, 개 등의 동물들을 해부해서 그것을 인체에 적용했어. 갈레노스도 자신의 인체 해부학은 동물 해부를 바탕으로 했다고 말했어. 그런데도 갈레노스의 해부학은 1500년대까지 아무런 의심 없이 받아들여졌어. 갈레노스가 풍부한 해부학적 지식을 통해 인체를 자세히 묘사하고 사례를 설명해 놓았기 때문에 사람들은 그의 저서가 완벽하다고 믿었던 거야.

1200년대 이후에는 시체 해부가 어느 정도 이루어졌어. 사람이 죽은 이유를 밝히거나 페스트 등의 전염병을 연구하기 위해서였지. 그리고 1300년대에는 대학에서 해부학을 가르치기도 했어. 하지만 갈레노스의 이론을 인정할 뿐 해부학 지식에는 별다른 변화나 발전이 없었단다.

베살리우스와 근대 해부학의 시작

베살리우스는 1514년, 벨기에에서 태어났어. 대학에서 의학을 공부한 뒤, 1537년에 외과학 교수 겸 해부학 교수가 되었지.

그 무렵, 유럽 일부 지역에서는 시체 해부가 자유로웠어. 하지만 당시만 해도 해부는 천한 직업으로 여겼던 이발사들이 하는 일이었어. 이발사들이 해부를 한다고? 이상한 말 같지만 사실이었어. 의사들은 손에 피를 묻히면서 해부를 하는 것은 자신들이 할 일이 아니라고 생각했거든. 그래서 면도칼을 잘 다루는 이발사를 불러 대신 해부를 하게 했지. 수술을 할 때도 마찬가지였어. 의사는 지시만 할 뿐 직접 수술을 하는 건 이발사였어. 중세 시대의 이발사들은 머리만 자른 게 아니라 외과 의사 역할도 함께 했던 거야.

이발사 외과 의사, 앙브로아즈 파레

오랫동안 외과 수술은 이발사들이 맡아서 했는데, '근대 외과학의 아버지'로 불리는 앙브로아즈 파레 역시 이발사 외과 의사였다.

1510년, 이발사의 아들로 태어난 파레는 많은 전쟁에 참가해서 부상당한 병사들을 치료했다. 당시에는 총에 맞은 환자의 상처에는 끓는 기름을 부어 덧나지 않게 했는데, 이런 치료법은 환자에게 엄청난 고통을 줄 뿐 아니라 위험하기도 했다. 그래서 파레는 장미 기름과 달걀 노른자, 송진 등으로 만든 연고를 상처에 바르는 새로운 치료법을 개발했다. 또, 인조 팔다리, 인조 코를 만들었고, 새로운 외과 기구를 개발하기도 했다.

꾸준한 노력과 자신의 경험을 통해서 새로운 치료법을 개발한 파레는 궁정 외과 의사가 되었고, 콧대 높던 의과 대학 교수들도 파레를 교수로 받아들였다. 천한 대접을 받던 이발사 외과 의사가 이렇게 높은 지위에 올라간 것은 드문 일이었다. 파레 이후 외과 의사들의 지위는 더욱 높아졌다.

베살리우스는 자기 손으로는 아무 일도 하지 않고 책만 읽고 있는 의사들이 마음에 들지 않았어. 그래서 자기 손으로 직접 시체를 해부하고 눈으로 관찰했단다. 여러 차례 해부를 하는 동안 베살리우스는 이상한 점을 발견했어.

"이상하다? 왜 책하고 다르지?"

직접 해부를 해서 본 사람의 몸은 갈레노스의 책에서 본 것과 다른 점이 많았어. 베살리우스도 처음에는 갈레노스가 틀렸다고 생각하지 않았어. 하지만 해부를 하면 할수록 갈레노스의 해부학이 틀렸다는 확신이 들었지. 베살리우스는 자신이 관찰한 것을 바탕으로 이렇게 결론을 내렸어.

"갈레노스의 해부학은 원숭이나 개 등을 해부하고 그 결과를 인체에 적용했기 때문에 틀린 부분이 있다. 사람의 몸은 원숭이나 개와 같지 않다."

1543년, 베살리우스는 자신이 직접 해부한 결과를 책으로 냈어. 〈인체의 구조에 관하여〉라는 제목의 책에서 베살리우스는 그동안 절대적으로 믿어 왔던 갈레노스의 해부학에 문제가 있음을 주장했어. 의학사에 있어서 대단한 발견이었지. 하지만 베살리우스의 주장은 받아들여지지 않았단다. 학자들과 교회는 베살리우스를 비난하기 시작했어.

"감히 갈레노스의 이론이 잘못되었다고 말하다니! 저 사람은 제정신이 아니야."

갈레노스를 따르던 사람들은 베살리우스의 책을 불태우고 그를 미치광이로 몰아세웠어. 교회는 베살리우스가 종교적인 가르침에 맞지 않는 연구 결과를 발표했다는 이유로 벌을 내렸지. 결국 베살리우스는 해부학 연구를 더 이상 할 수 없었단다.

하지만 베살리우스는 1400여 년 간 아무런 의심 없이 믿어 왔던 갈레노스 의학의 오류를 지적함으로써 근대 의학이 발전하는 토대를 만들었어. **의사가 직접 실험을 함으로써 새로운 것을 발견하는 과학적인 방법은 근대 의학이 출발하게 된 밑바탕이 되었지.**

 수술과 마취

수술의 고통에서 해방되다

고대의 수술

수술이란 사람 몸의 일부를 째거나 잘라서 병든 부위를 치료하는 것을 말해.

수술의 역사는 꽤 오래 되었어. 나무 열매를 따고 물고기를 잡으면서 살았던 원시인들은 몸에 상처가 나는 일이 많았어. 그래서 살갗에 박힌 가시나 상처에 생긴 고름을 없애야 했는데, 이것을 최초의 수술이라고 할 수 있거든. 그리고 약 2만 5000년 전에 살았던 신석기 시대 사람들도 두개골 절제 수술을 했어. 날카로운 돌을 이용해서 머리에 구멍을 뚫는 수술을 한 거야.

    약 4000년 전, 고대 바빌로니아에는 이미 외과 수술을 전문으로 하는 의사가 있었어. 바빌로니아의 법전인 〈함무라비 법전〉에는 의사가 수술에 실패하면 두 팔을 잘라 버리라는 법이 있어. 그리고 환자가 수술을 받기 위해서는 얼마만큼의 값을 내야 하는지에 대해서도 적혀 있지. 이것으로 미루어 보면 고대 바빌로니아에서는 수술이 많이 이루어졌다는 것을 알 수 있어.

    고대 이집트의 벽화에는 할례를 하는 장면이 그려져 있어. 할례란 오늘날의 포경 수술과 비슷한 것으로, 고대 바빌로니아, 이집트, 서남아시아 등의 지역에서 주로 행해졌어. 특히 성경에 보면 하느님은 계약의 표시로 이스라엘 백성들은 태어난 지 8일이 되면 할례할 것을 명령했어. 그래서 할례는 유대 교나 크리스트 교에서 의무처럼 되었단다.

성형 수술은 우리 인도가 처음일걸.

고대 이집트에서는 미라를 만들기 위해 시체의 배를 갈라 내장을 꺼냈어. 내장은 금방 썩기 때문이었지.

인도에서는 기원전 6세기부터 다양한 수술 도구들이 만들어졌고 많은 수술도 이루어졌어. 그 당시 인도에서는 죄를 지은 사람의 코를 베는 벌이 있었어. 그래서 코가 없는 사람에게 인공적으로 만든 코를 붙여 주는 수술이 유행했지. 아마 이것이 최초의 성형 수술이었을 거야.

마취제가 된 웃음 가스

베살리우스가 해부학을 발달시킨 이후 수술은 점차 늘어났고 수술법도 발달했어. 1731년에는 프랑스에 왕립 외과 학회가 세워졌어. 외과 수술이 이발사나 하는 천한 일이 아니라 의학의 한 분야로 인정받게 된 거지.

하지만 수술할 때 가장 큰 문제는 **마취제**가 없다는 것이었어. 한번 상상을 해 봐. 마취도 안 한 채 생살을 칼로 찢는다면 얼마나 고통스럽겠어. 고통을 줄이기 위해서 사용하는 것은 고작 술이나 아편 같은 마약이 전부였단다.

　　근대적인 마취제에 처음 관심을 보인 사람은 영국의 화학자 험프리 데이비였어. 데이비는 항상 두통을 달고 살았어. 그런데 우연히 **아산화질소**를 들이마셨는데, 그 순간 기분이 좋아지면서 **머리 아픈 것이 말끔히 사라진 거야.**

　　"음, 정말 신기한걸. 이걸 마셨더니 아픈 것도 없어지고 괜히 웃음이 나오네. 이걸 써먹을 곳이 없을까?"

　　데이비는 수술할 때 비명을 지르던 환자들이 생각났어.

　　"그래, 이것을 이용해서 수술을 하면 환자들의 고통을 줄일 수 있을 거야."

수술의 고통에서 해방되다

1798년, 데이비는 수술을 할 때 마취제로 아산화질소를 이용하자는 논문을 발표했어. 하지만 데이비의 논문에 관심을 가지는 사람은 거의 없었지. 아산화질소는 들이마시면 기분이 좋아지고 괜히 웃음이 나온다고 해서 '웃음 가스'라고 불렸거든. 한때 이 웃음 가스를 마시는 파티가 크게 유행하기도 했어. 데이비는 웃음 가스를 수술에 쓰자고 주장했다가 웃음거리만 된 셈이지.

에테르도 아산화질소처럼 마시면 기분이 좋아진다고 해서 파티에서 사람들이 나누어 마셨어. 미국의 외과 의사 롱은 에테르를 마시는 파티에 참석한 사람들이 손등이나 얼굴에 상처가 났는데도 전혀 아픔을 느끼지 못하는 것을 발견했어. 1842년, 롱은 세계 최초로 **에테르를 전신 마취제로 사용해서 목의 종양을 없애는 수술을 성공**시켰어. 하지만 1846년, 모턴이 공개적으로 에테르 마취를 통해 수술을 성공시켰기 때문에 모턴을 '근대 마취술의 발견자'라고 해.

에테르와 함께 클로로포름 등 새로운 마취제들이 잇따라 발견되었어. 그와 함께 외과 수술은 매우 빠른 속도로 발달했단다.

히포크라테스 선서

히포크라테스는 뛰어난 의사였을 뿐만 아니라, 인간에 대한 사랑을 바탕으로 의술을 베풀었던 고귀한 인격자였다. 히포크라테스는 의사가 지켜야 할 행동 지침을 만들어 제자들에게 선서하게 했는데, 이것을 '히포크라테스 선서'라고 한다.

히포크라테스 선서는 가장 오래 되고 대표적인 의학 윤리라고 할 수 있다. 이 선서에는 의사와 환자 간의 신뢰, 환자에 대한 의사의 책임, 사회적 신분에 관계 없이 누구나 치료해야 할 의사의 의무 등이 들어 있는데, 2000여 년의 세월이 흐른 지금까지도 의사가 가져야 할 마음가짐과 행동의 원칙이 되고 있다.

히포크라테스 선서는 원문 그대로 사용하기도 했지만, 시대에 따라서 원문을 조금씩 고친 여러 가지 형태로 세계 곳곳에서 사용하고 있다.

현재 우리 나라 의과 대학 학생들이 학교를 졸업하면서 하는 선서는 1948년, 제네바에서 세계 의사 협회가 만든 제네바 선언이다. 그 내용은 다음과 같다.

히포크라테스 선서

이제 의업에 종사할 허락을 받음에 나의 생애를 인류 봉사에 바칠 것을 엄숙히 서약하노라.

- 나의 은사에 대하여 존경과 감사를 드리겠노라.
- 나의 양심과 위엄으로써 의술을 베풀겠노라.
- 나는 환자의 건강과 생명을 첫째로 생각하겠노라.
- 나는 환자가 알려 준 모든 것에 대하여 비밀을 지키겠노라.
- 나는 의업의 고귀한 전통과 명예를 유지하겠노라.
- 나는 동업자를 형제처럼 생각하겠노라.
- 나는 인종, 종교, 국적, 정당정파, 또는 사회적 지위 여하를 초월하여 오직 환자에 대한 나의 의무를 지키겠노라.
- 나는 인간의 생명을 그 수태된 때로부터 지상의 것으로 소중히 여기겠노라.
- 비록 위협을 당할지라도 나의 지식을 인도에 어긋나게 쓰지 않겠노라.

이상의 서약을 나의 자유 의사로 나의 명예를 받들어 하노라.

세균을 처음 발견한 레이우엔훅

네덜란드의 레이우엔훅은 재능이 많은 사람이었어. 장사를 했지만, 유리를 갈아 렌즈를 만드는 일을 좋아했지. 레이우엔훅은 유독 볼록렌즈에 관심이 많았어. 작은 것을 크게 보여 주는 볼록렌즈가 신기하기만 했던 거야. 결국 레이우엔훅은 **사물을 40배나 확대해서 볼 수 있는 현미경**을 만들어 냈단다.

레이우엔훅은 자신이 만든 현미경으로 벌레나 식물, 연못물, 그리고 이 사이에 끼어 있는 음식 찌꺼기까지 닥치는 대로 관찰했어. 그러던 어느 날, 현미경을 들여다보던 레이우엔훅은 깜짝 놀랐어.

"앗, 저게 뭐지? 아주 작은 막대기 같은 것들이 꿈틀거리고 있잖아."

최초로 세균을 발견한 순간이었어. 세균, 즉 박테리아는 그리스 어로 '작은 막대기'라는 뜻이야.

레이우엔훅은 여러 종류의 세균을 발견했어. 하지만 정작 세균이 무엇인지, 어떤 일을 하는지는 몰랐단다.

레이우엔훅이 세균을 발견한 것은 1600년대 후반이었어. 하지만 그 후로 약 200여 년이 흐르는 동안 세균에 대한 연구는 거의 이루어지지 않았어. 사람들은 그저 세균은 자연적으로 생기는 것이라고 생각할 뿐이었지.

생물의 자연 발생설을 깨뜨리다

1860년대 이전까지 많은 과학자들은 **'살아 있는 생물체는 저절로 발생한다.'** 고 생각했어. 이것이 바로 **생물의 자연 발생설**이야. 구더기는 썩은 고기에서 저절로 만들어지고, 꿀이 있으면 개미가 생겨난다고 믿었던 거지. 이렇게 생각했는데 눈에 보이지 않는 세균에 대한 생각은 어땠겠어? 세균은 당연히 썩은 국물에서 저절로 만들어진다고 믿었지.

병을 일으키는 세균을 찾아 내다

그런데 이러한 자연 발생설에 의문을 품은 사람이 있었어. 바로 프랑스의 생화학자인 파스퇴르야. 1856년, 파스퇴르는 발효와 부패에 대해 연구하면서 효모라는 세균이 곡식이나 과일을 발효시켜 알코올을 만들어 낸다는 것을 알았어.

"세균은 뭔가가 썩기 때문에 생기는 것이 아니야. 세균이 고기나 곡식을 썩게 만드는 거야. 포도를 술로 변하게 하는 것도 효모라는 세균이잖아. 세균이 공기 중에 떠돌아다니다가 고기나 곡식에 섞여 그것을 썩게 만드는 거야."

이런 생각을 한 파스퇴르는 자연 발생설을 깨뜨리기 위한 실험을 시작했어.

파스퇴르의 실험

1. 수프를 담은 플라스크의 목 부분을 가열하여 S자 모양으로 길게 늘인다.

2. 수프를 끓여 미생물을 모두 없앤다.

3. 미생물이 잘 자랄 수 있는 온도를 유지해 준다.

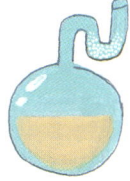

　목을 S자 모양으로 길게 늘인 플라스크에 담긴 수프는 아무리 오래 두어도 썩지 않았다. S자 모양으로 늘어난 목 부분에 물방울이 맺혀 미생물이 플라스크 안으로 들어오는 것을 막았기 때문이다. 하지만 목 부분을 잘라 내자 얼마 지나지 않아 수프는 썩기 시작했다.
　이 실험을 통해서 파스퇴르는 공기 중에 떠다니는 미생물이 들어가 수프를 썩게 만든다는 것을 증명함으로써, 미생물이 썩은 수프에서 저절로 생긴다는 자연 발생설을 깨뜨렸다.

얼마 뒤, 파스퇴르는 누에의 병을 조사해 달라는 부탁을 받았어. 파스퇴르는 병에 걸린 누에들을 관찰했어. 오랜 관찰 끝에 병에 걸린 누에들에게는 건강한 누에에는 없는 세균이 있다는 것을 발견했지.

"그래, 이 세균이 누에의 병을 일으키는 것이 틀림없어. 이것들을 없애면 건강한 누에가 나올 거야."

파스퇴르는 세균에 감염되지 않은 누에의 알들만 골라 부화시켰어. 파스퇴르의 예상대로 부화한 누에들은 모두 건강했지. 이 실험을 통해서 파스퇴르는 한 가지 결론을 내렸어.

"누에의 질병을 세균이 일으키듯이 사람의 질병 역시 세균이 일으키는 것이 틀림없다."

그러나 사람들은 파스퇴르의 말을 믿으려고 하지 않았어. 눈에 보이지도 않는 작은 세균이 무시무시한 병을 일으킨다는 것을 도저히 믿을 수 없었거든.

탄저균을 발견한 코흐

그 무렵, 세균을 연구하던 또 한 사람이 있었어. 바로 독일의 의학자인 코흐였어. 코흐는 전염병에 관심이 많은 의사였어. 28세에 아내에게 현미경을 선물받은 뒤로 코흐는 세균에 대해서 관심을 갖게 되었지.

코흐는 세균 때문에 병이 생긴다는 파스퇴르의 의견을 받아들였어. 그래서 당시 유행하고 있던 소의 탄저병을 조사하기 시작했지.

1876년, 코흐는 탄저병에 걸린 소의 피에서 이상한 세균을 발견했는데, 그것이 탄저병을 일으키는 세균이라고 생각했어. 자신의 생각을 증명하기 위해서 코흐는 그 세균을 직접 길렀어. 그리고는 건강한 쥐에 주사해 봤지. 주사를 맞은 쥐는 곧 탄저병 증세를 보이면서 죽었단다.

"그래, 이것이 바로 탄저병을 일으키는 세균이야!"

마침내 코흐가 탄저병을 일으키는 세균을 찾아 낸 것이었어. 코흐의 실험으로 세균 때문에 질병이 일어난다는 파스퇴르의 주장도 사실로 증명되었던 거지.

코흐는 계속해서 결핵균과 콜레라균을 발견했어.

병을 일으키는 세균의 발견은 정말 엄청난 사건이었어. 이후 많은 학자들이 앞다투어 세균을 연구하기 시작했단다.

 세균과 바이러스

박테리아는 뭐고, 바이러스는 뭐야?

눈에 보이지 않는 작은 생명체

이것들은 모두 세균이야. 흔히 '박테리아'라고 부르지. **세균은 크기가 아주 작아 맨눈으로 볼 수 없는 미생물**이야. 세균이 없는 곳은 거의 없어. 땅 속에도, 물 속에도, 공기 중에도, 심지어 사람 몸 속에도 있어. 모양도 가지가지야. 긴 꼬리가 달려 있는

것도 있고, 뱀이나 거머리처럼 징그럽게 생긴 것도 있어. 지금까지 알려진 세균의 종류만 해도 2000종이 넘는단다.

세균 중에는 우리 생활에 도움을 주는 이로운 세균들이 있어. 요구르트, 치즈, 포도주 등을 만들 수 있게 발효를 도와 주는 세균, 우리 몸 안에서 장 운동을 도와 주고 비타민을 만들어 주는 세균, 오염된 물을 정화시켜 주는 역할을 하는 세균, 농작물이 잘 자라게 해 주는 세균 등이 이로운 세균들이야.

반대로 아주 끔찍하고 무서운 세균들도 많아. 지금까지 **셀 수 없을 정도로 많은 사람들을 병에 걸리게 하고 죽게 만든 것도 바로 세균들이야.**

세균들이 얼마나 끔찍한 일을 저질렀는지 아니? 페스트균에 감염되어 목숨을 잃은 사람만 해도 수천만 명에 달해. 14세기 중엽에 유럽을 휩쓸었던 페스트는 불과 몇 년 사이에 유럽 인구의 3분의 1을 죽였지. 결핵균 역시 수천만 명의 목숨을 앗아 간 무서운 세균이야. 이 밖에도 세균은 장티푸스, 콜레라, 폐렴, 한센병 등 수많은 전염성 질병을 일으켜 사람들을 괴롭히고 있단다.

박테리아는 뭐고, 바이러스는 뭐야?

세균의 특징

1. 크기가 매우 작다.

세균의 크기는 약 0.2~10마이크로미터 정도야. 그런데 마이크로미터가 뭔지 모르겠다고? 1마이크로미터는 100만분의 1미터, 즉 10000분의 1센티미터야. 이 정도면 세균이 얼마나 작은지 알겠지?

2. 아주 단순하다.

세균은 하나의 세포로 이루어져 있어. 사람이나 동물은 수십조 개의 세포로 되어 있지만 세균은 단 하나의 세포로 이루어져 있단다.

3. 끈질긴 생명력을 가지고 있다.

많은 세균들은 영양분이나 물이 없이도 살 수 있지. 산소가 없어도 살 수 있는 세균도 있고. 세균들은 환경이 살기에 적당하지 않으면 두꺼운 세포벽을 만들어 모든 활동을 멈춰 버려. 그러다가 환경이 좋아지면 다시 활동을 시작하지.

4. 놀랄 만큼 빨리 증식한다.

세균들은 무척 빨리 자라며 금방 수를 늘려. 세균은 하나가 둘로 갈라지면서 수를 늘려 가. 대장균의 경우 하나가 둘이 되는 데는 20분 정도가 걸려. 40분 뒤에는 넷이 되고, 1시간 뒤에는 여덟이 돼. 이런 식으로 늘어나 9시간 뒤에는 1억 마리가 된단다.

세균보다 작은 바이러스

과학자들은 1800년대 말부터 질병을 일으키는 세균들을 하나하나 찾아 냈어. 그런데 아무리 찾아도 병을 일으키는 세균, 즉 병균을 찾을 수 없는 병이 있었어. 광견병이나 천연두, 그리고 감기와 같은 병은 아무리 병균을 찾으려고 해도 찾을 수가 없었지. 광견병 치료제를 만든 뒤에도 광견병의 병균을 찾지 못했어. 학자들은 세균과 다른 무엇인가가 질병을 일으킨다고 생각했지. 그게 바로 바이러스였어.

1930년대에 들어서 **전자 현미경이 발명된 뒤에야 바이러스를 볼 수 있게 되었단다.** 바이러스는 세균과 다른 점이 많아. 일단 크기가 세균보다 훨씬 작아. 어떤 바이러스는 세균보다

4만 배나 작단다. 그래서 일반 현미경으로는 바이러스를 볼 수 없었던 거야.

바이러스가 일으키는 질병은 감기, 독감, 천연두, 소아마비, 풍진, 수두, 에이즈 등 수없이 많단다.

바이러스의 특징

1. 크기가 세균보다 훨씬 작다.

바이러스의 크기는 보통 20~300나노미터 정도야. 나노미터는 또 뭐냐고? 앞에서 마이크로미터가 100만분의 1미터라고 했잖아. 나노미터는 그것보다 1000배나 작은 단위야. 그러므로 1나노미터는 10억분의 1미터인 거지. 세균도 정말 작지만 바이러스는 이보다 훨씬 작단다.

2. 모양이 가지각색이다.

바이러스는 대체로 둥근 모양이 많아. 하지만 벽돌같이 생긴 것, 총알같이 생긴 것, 뾰족한 침이 돋아 있는 것 등 다양한 모양을 하고 있지.

3. 살아가는 데 필요한 에너지를 스스로 만들어 내지 못한다.

세균은 자기 스스로 숫자를 늘릴 수 있지만, 바이러스는 스스로 몸을 증식할 아무런 도구도 수단도 가지고 있지 않아. 그래서 세포 속에 들어가 그 곳의 여러 가지 도구를 이용해서 수를 늘려. 쉽게 말하면 바이러스는 스스로 아무것도 할 수 없어서 세포 속에 들어가 세포가 가지고 있는 에너지를 빼앗아 먹는 거야. 그러니까 바이러스는 다른 세포가 없으면 증식하지 못한단다.

간단한 소독으로 수많은 사람을 살리다

수술받은 사람 중 반 이상이 죽다

마취제의 발견으로 수술받을 때의 고통은 크게 줄었지만 여전히 수술받은 환자 중 반 이상이 죽어 갔어. 수술이 잘못되어서 죽는 경우도 있었지만, 수술이 성공적으로 끝나도 죽는 경우가 많았어. 수술한 곳이 곪거나 덧났기 때문이야. 의사들은 아무리 성공적으로 수술을 끝냈다고 해도 마음을 놓을 수가 없었어. 그저 수술한 곳이 덧나지 않기만을 바랄 뿐이었지.

수술받은 환자들은 점차 회복되는 것 같다가도 다른 병에 걸려 갑작스레 죽기도 했어. 의사들은 왜 그런지 정확한 이유를 알지 못했단다. 하지만 오랜 경험으로 얻은 교훈들이 있었어.

1800년대 의사들이 알려 주는 수술 방법

 1. 수술 전에 꼭 손을 씻는다.

2. 수술 도구는 깨끗한 것을 사용한다.

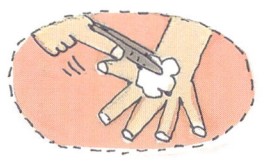 3. 상처에 직접 손을 대지 않는다.

4. 수술 후에 생기는 고름을 잘 짜낸다.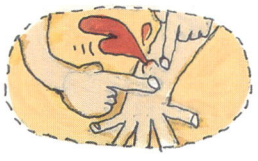

 5. 큰 병원보다는 작은 병원에서 수술을 받는다.

이 방법들은 대수롭지 않아 보이지만 매우 중요한 것들이야. 당시 의사들이 이 같은 사실을 알아 내기까지 얼마나 많은 시간이 걸렸는지 몰라. 그런데 한 가지 이상한 점이 있어. 큰 병원보다는 작은 병원에서 수술을 받으라니! 요즘은 어려운 수술을 대학 병원

같은 큰 병원에서 하는 것이 당연한데 말이야. 왜 큰 병원에서 수술을 받지 말라고 했을까? 예전의 큰 병원은 각기 다른 병을 가지고 있는 환자들로 가득했어. 병실은 덥고 습해서 세균이 살기에 알맞았지. 당연히 큰 병원에 있으면 수술받은 곳이 다른 세균에 감염되어 덧날 확률이 높았단다. 당시의 의사들은 세균이 병을 일으킨다는 사실과 소독에 대해 알지 못했으니까 말이야.

환자의 상처가 덧나는 까닭

영국의 외과 의사인 리스터도 환자들의 상처가 곪거나 덧나는 것에 대해

고민이 많았어.

"환자들의 상처가 덧나지 않게 하는 방법이 없을까?"

리스터는 이 문제를 해결하고 싶었어. 그러던 중, 파스퇴르의 논문에 관한 신문 기사를 읽었지.

'포도주가 썩는 이유는 공기 중에 있는 세균이 포도주로 들어가기 때문이다.'

리스터는 눈앞이 환해지는 것 같았어.

"바로 이거야! 세균이 포도주를 썩게 만드는 것이 사실이라면, 환자의 상처가 곪는 것도 세균 때문일 거야."

리스터의 생각은 시간이 지날수록 더욱 분명해졌어.

"세균을 없애면 상처가 덧나지도 않을 거야. 그런데 어떻게 세균을 없애지?"

리스터의 머릿속에는 온통 세균을 없애는 생각뿐이었단다.

소독약을 개발하다

그러던 어느 날이었어. 리스터는 환자들을 살피기 위해 병실을 돌아다니고 있었어. 병실은 환자들의 상처에서 나는 악취로 가득했어. 그 때 마침 누군가가 리스터에게 다가와 말을 걸었어.

"병실에 냄새가 너무 지독해요. 냄새를 없애야 하지 않을까요?"

"상처 때문에 나는 냄새라 어쩔 수가 없네요."
리스터는 머뭇거리며 말했어.
"석탄산을 뿌리면 냄새가 없어지던데……."
그 사람은 혼잣말로 중얼거렸어. 그 말을 들은 리스터는 귀가 번쩍 띄었어.
"석탄산이라고요? 그게 정말입니까?"
"네, 우리 마을은 목장이 많아서 하수구에서 지독한 냄새가 납니다. 이보다 훨씬 지독한 하수구 냄새도 석탄산을 뿌리면 싹 없어지는걸요."
리스터는 그 사람의 말을 귀담아듣고 이것저것 물어 보았어.

'석탄산을 뿌려서 나쁜 냄새가 없어진다면, 혹시 세균을 없앨 수 있지 않을까?'
리스터는 곧바로 석탄산을 가지고 실험을 시작했어. 처음에는 생쥐의 몸에 상처를 내고 석탄산을 발라 보았어. 생쥐의 상처는 곪지 않고 곧바로 아물었어.
"야호, 성공이다! **석탄산이 세균을 죽이는 것**이 틀림없어."
실험은 성공했지만 곧바로 환자들에게 사용할 수

는 없었어. 혹시라도 환자의 상처가 덧나면 큰일이었으니까. 리스터는 석탄산의 효과를 알아보기 위한 실험 대상을 찾았어. 그게 누구였는지 아니? 바로 리스터 자신이었단다.

리스터는 자신의 몸에 일부러 상처를 내고 석탄산으로 소독을 했어. 그런 다음 더운 날씨에 환자들이 많은 병실을 계속 돌아다녔지만 상처는 덧나지 않고 잘 아물었어. 1865년의 일이야.

소독의 효과

그 이후 리스터는 석탄산을 다양하게 활용했단다. 붕대에 적셔 환자의 상처를 소독했을 뿐만 아니라 수술을 하기 전에 석탄산으로 손을 씻었고, 수술 도구도 석탄산에 담가 두었다가 사용했어. 이렇게 해서 **세균을 죽이는 소독법**이 개발되었어.

소독이라는 간단한 의학적 처방이 안겨 준 결과는 정말 놀라웠어. 수술 후에 죽는 사람의 숫자가 소독을 하고 나서는 100명당 50명에서 15명 정도로 줄어들었거든. 그리고 나중에는 100명당 3명 정도까지 줄일 수 있었단다.

병균으로부터 우리 몸을 지켜라

면역 체계

눈에 보이지는 않지만 공기 중에는 병균이 우글우글해. 우리가 먹는 물과 음식에도 수많은 병균들이 있어. 병균들은 언제나 우리 몸을 공격할 틈만 노리고 있지. 게다가 병균은 없는 곳이 거의 없기 때문에 도망칠 수도 없어.

무섭다고? 걱정 마. 우리 몸에는 병균으로부터 우리 몸을 보호해 주는 군대들이 있으니까. 이 군대들은 세상의 어떤 군대보다도 훌륭하게 우리 몸을 지키고 있단다. 그럼, 우리 몸의 군대들을 살펴볼까?

병균의 침입을 막아내는 부대

가장 먼저 병균을 막아 내는 부대는 피부 세포들이야. 피부는 온몸을 빠짐없이 꼼꼼히 감싸고 있어. 그래서 아무리 무서운 병균이라도 피부를 뚫고 들어올 수 없도록 보호하는 일을 해.

하지만 병균이 피부로만 들어오는 것은 아니야. 숨을 쉴 때 코로도 들어오고, 음식을 먹을 때 입으로도 들어와. 또, 눈으로도 들어올 수 있어. 그래도 걱정 없어. 눈, 코, 입에도 훌륭한 군대가 있으니까. 그들이 누구냐고? 바로 이것들이야.

지저분한 콧물과 침이 어떻게 병균하고 싸우냐고? 콧물이 지저분하다고 무시하지 마. 콧물이 얼마나 훌륭한 병사인지 아니? 콧물은 콧속으로 병균이 들어오면 녹여서 몸 밖으로 밀어 내. 감기에 걸리면 콧물이 계속 나오지? 그건 감기를 일으키는 바이러스를 콧물이 밀어 내고 있는 거야.

기침이나 재채기를 통해서도 병균을 밖으로 내보낸단다. 재채기 한 번으로 약 600만 개나 되는 병균을 몸 밖으로 내보낼 수 있다고 해. 또한 눈물, 콧물, 침에는 병균을 죽일 수 있는 '리소자임'이라는 효소가 들어 있어.

그런데 피부와 콧물, 눈물을 뚫고 우리 몸 속으로 기어코 들어오는 병균들이 있어. 정말 징그러운 녀석들이지. 병균이 몸 속으로 들어오면 어떻게 해야 할까? 자, 지금부터 우리 몸 안에서 펼쳐지는 병균 죽이기 대작전을 살펴볼까?

병균의 침입을 감시하는 순찰대

우리 몸 구석구석에는 핏줄이 퍼져 있어. 핏줄을 따라 피가 끊임없이 돌고 있지. 또, 우리 몸에는 림프관이 그물처럼 퍼져 있어.

림프관에는 많은 백혈구들이 있어. 백혈구들은 핏줄과 림프관 속을 끊임없이 돌면서 병균이 들어오는 것을 감시해. 그러다가 병균을 발견하면 곧바로 몸에 병균이 들어왔다고 알린단다.

병균 침입 1단계 조치 : 병균의 힘을 빼라!

가장 먼저 하는 일은 병균이 침입한 곳의 온도를 높이는 일이야. 병균이 몸 속으로 들어왔다는 것을 뇌에 알려 몸의 온도를 높게 만들지. 병균들은 온도가 높아지면 활동을 할 수 없거든. 이제 왜 아프면 열이 나는지 알겠지? 열이 나는 것은 병균들을 우리 몸에서 몰아 내기 위한 작전 중에 하나야.

그뿐 아니라 간은 병균이 들어오면 병균의 먹이인 철분을 거두어들여. 몸의 온도가 올라가고 먹을 것까지 없어진 병균들은 정말 죽을 맛일 거야.

병균 침입 2단계 조치 : 백혈구 부대를 출동시켜라!

이렇게 병균들이 어쩔 줄 몰라 할 때 우리의 백혈구 부대가 출동하는 거지. 백혈구 부대에는 여러 가지가 있어. 하는 일도 모두 다르지. 그럼, 백혈구 부대를 살펴볼까?

우리 몸의 백혈구 부대

1. T세포 부대

킬러 부대 : 킬러 세포를 말한다. 이름처럼 병균이 나타나면 재빨리 달려가 병균들을 죽이는 킬러 역할을 한다.

도우미 부대 : 병균과 직접 싸우지는 않지만 아주 중요한 역할을 하는 세포이다. 도우미 세포는 먼저 병균의 종류를 알아 내고 킬러 부대나 B세포 부대가 병균을 공격할 수 있도록 정보를 준다. 그런 다음 공격 명령을 내린다. 도우미 세포가 없으면 킬러 부대나 B세포 부대도 제 역할을 할 수 없다.

2. B세포 부대

병균이 침입하면 병균의 활동을 약하게 하는 항체를 만들어 내는 세포이다. 항체는 병균에 달라붙어 사슬처럼 꽁꽁 묶어 병균을 꼼짝 못 하게 만든다. 우리 몸에는 수백만 개의 B세포가 있는데 서로 같은 것이 하나도 없다. 그 이유는 몸 속으로 들어오는 병균에 따라서 그에 맞는 B세포가 출동해야 하기 때문이다. B세포는 한

번 본 것을 기억하는 능력이 있다. 그래서 병균이 다시 나타나면 재빨리 항체를 만들어 해치운다.

3. 대식 세포 부대

병균이 침입하면 그 곳으로 달려가 침입자를 잡아먹는 세포이다. 이들은 병균을 빨아들여 몸 안에서 녹여 버린다. 대식 세포 중에는 100마리 이상의 병균을 잡아먹을 수 있는 것도 있다.

병균 침입 3단계 조치 : 병균을 기억하고 나중을 대비하라!

다음 방어 장치는 면역이야. 면역은 우리 몸이 병균을 기억하고 그 병균을 막을 수 있는 항체를 만들어 내는 것을 말해. 바로 B 세포 부대가 하는 일이지. 어떤 병원체에 감염되어 한 번 앓고 나면 다시는 그 병에 걸리지 않을 때, 면역이 생겼다고 해.

어때? 정말 대단하지? 병균으로부터 우리 몸을 지켜 주는 군대는 그 어느 군대보다도 강하고 빈틈없단다.

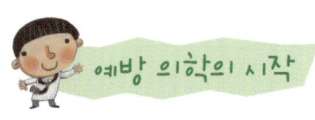

예방 의학의 시작

천연두, 지구상에서 사라지다

질병과 싸워 이긴 최초의 승리

인류가 지구상에 생겨난 이래로 인류는 끊임없이 질병과 전쟁을 벌여 왔어. 질병은 쉬지 않고 인류를 공격해 수많은 사람들의 목숨을 빼앗아 갔고, 사람들은 어떻게든 질병을 없애기 위해 노력해 왔지. 수천 년이 지난 지금까지도 질병과의 전쟁은 계속되고 있단다.

그런데 질병과의 전쟁에서 단 한 번 사람이 결정적인 승리를 거둔 일이 있어. 바로 **천연두를 완전히 몰아 낸 거야.** 천연두는 1977년 소말리아에서 발견된 환자를 끝으로 자취를 감추었고, 1980년 세계 보건 기구(WHO)는 천연두가 완전히 사라졌음을 공식적으로 선언했단다.

"지구상에서 천연두는 완전히 사라졌다."

지금은 없어진 병이라니까 천연두가 별것 아닌 것 같지? 하지만 천연두가 얼마나 무서운 병이었는지 알고 나면 절대 무시하지 못할걸. 그럼, 천연두가 얼마나 무서운 병이었는지 살펴볼까?

무시무시했던 천연두

천연두는 약 200년 전까지만 해도 가장 무서운 병의 하나였어. 이 병에 걸린 많은 사람들이 죽었고, 다행히 살아남더라도 얼굴에 빡빡 얽은 곰보 자국이 남았지. 또, 전염성이 강해서 한 사람이 병에 걸리면 수천, 수만 명에게 전염되었단다.

고대 이집트의 미라 얼굴에도 천연두 자국이 남아 있어. 그만큼 천연두는 오래 전부터 있었다는 증거야. 수천 년 동안 천연두는 세계 곳곳을 옮겨 다니며 많은 사람들에게 고통을 안겨 주었어.

역사상 가장 많은 사람을 죽인 병이 뭔지 아니? 암? 페스트? 아니야. 바로 천연두란다. 지금까지 천연두로 목숨을 잃은 사람의 수는 5억 명이 넘는다고 해. 천연두에 비하면 유럽 인구의 3분의 1인 3500만 명을 죽게 했던 페스트마저도 별것 아닌 것처럼 여겨질 정도야. 어때, 정말 끔찍한 병이었지?

마마로 불렸던 천연두

옛날에 우리 나라에서는 천연두를 '마마'라고 불렀다. 마마는 임금과 임금의 가족들에게 썼던 존칭이다. 그런데 왜 이런 끔찍한 병을 왕족에게 썼던 극존칭으로 높여 불렀을까? 그 까닭은 천연두에 대한 두려움이 그만큼 컸기 때문이었다.

옛날 사람들은 천연두를 하늘이나 귀신이 내리는 것이라고 생각했다. 그래서 '별성마마', '역신마마', '손님마마' 등으로 불렀다. 천연두를 왕족처럼 높여 불러 주면 천연두가 기분이 좋아져 해코지를 하지 않고 무사히 지나가기를 바랐던 것이다.

천연두는 인류 역사에도 커다란 영향을 미쳤어. 고대에 가장 강력했던 나라였던 로마가 멸망한 것도 천연두의 영향이 컸어. 천하무적이던 로마 군대에 천연두가 퍼졌고, 군인들이 이동하는 곳을 따라 천연두는 로마의 수많은 도시를 죽음의 도시로 만들어 버렸단다.

하지만 이보다 더 큰 피해를 봤던 곳은 아메리카였어.

아메리카 대륙의 잉카 제국이나 아스테카 왕국을 멸망시킨 것은 바로 천연두야. 아메리카 원주민들은 한 번도 천연두를 앓아 본 적이 없었기 때문에 천연두에 대한 면역력이 없었어. 그래서 에스파냐 병사들이 옮겨 온 천연두균에 꼼짝없이 당할 수밖에 없었지. 순식간에 수백만 명이 목숨을 잃었고, 잉카 제국과 아스테카 왕국은 결국 손을 들고 말았단다.

백인들은 잉카 제국과 아스테카 왕국뿐만 아니라 아메리카 대륙 곳곳에 천연두를 옮겼어. 서양인들이 아메리카 대륙으로 들어오고 난 뒤, 아메리카 대륙에서만 1억 명 이상이 천연두로 죽었다는 주장도 있단다.

먼 옛날뿐만 아니라 20세기에 들어서도 천연두는 여전히 무서운 질병이었어. 1967년 한 해 동안 전세계에서 천만 명이 넘는 사람들이 천연두에 걸렸고, 이들 가운데 200만 명 이상이 목숨을 잃었으니까 말이야.

천연두, 지구상에서 사라지다

천연두의 증상

1. 처음엔 갑자기 열이 나고, 머리와 허리가 심하게 아프며 구토를 하기도 한다.
2. 2~4일이 지나면 열은 떨어지면서 조금 나은 듯 보이는데, 이 때 피부에 반점이 돋아난다.
3. 반점은 얼굴, 손, 이마에 먼저 나타나고, 며칠이 지나면 몸에도 돋는다. 코와 입 안에도 생긴다.
4. 반점은 갈수록 고름이 차서 탁해진다.
5. 대부분의 사람들이 5~7일이 지나면 목숨을 잃는데, 가끔 2주가 지나서 죽는 환자도 있다.
6. 살아남은 사람은 8~14일이 지나면 고름이 찬 반점에 딱지가 앉고 피부가 썩어서 떨어져 나가 움푹 들어간 흉터가 남는다.

천연두를 예방한 종두법

천연두는 이처럼 무시무시한 질병이었지만, 한 번 앓고 나면 다시는 걸리지 않았어. 이런 사실은 아주 오래 전부터 알려져 있었지. 고대 중국에서는 천연두에 걸린 사람의 부스럼 딱지를 가루로 만들어 건강한 사람의 콧구멍 속에 넣었어. 약하게 천연두를

앓으면 다시는 천연두에 걸리지 않는다는 사실을 안 거야. 이 방법은 중국에서 수백 년 동안 사용되어 왔고, 페르시아와 터키에도 전해졌어.

그러나 이것은 매우 위험한 방법이었어. 몸 속에 천연두 부스럼을 넣으면 가볍게 천연두를 앓다가 낫는 사람도 있었지만, 많은 사람들이 천연두에 걸려 목숨을 잃어야 했거든.

천연두 예방에 결정적인 공헌을 한 사람은 바로 영국의 의사, 제너였단다.

의사가 된 지 얼마 되지 않아 제너는 어느 시골 마을을 지나가다 귀가 솔깃해지는 이야기를 들었어.

"우두에 걸린 사람은 절대로 천연두에 걸리지 않아요. 정말 신기하지 않아요? 농장에서 일하는 사람 중에서 천연두에 걸린 사람은 아무도 없는걸요."

우두는 소가 걸리는 병인데, 소를 키우는 사람들에게 옮는 경우가 많았어. 손에 작은 부스럼이 생기는 정도로 하찮게 여기는 병이었지.

'혹시 우두의 고름을 사람 몸 속에 넣으면 천연두가 예방되지 않을까?'

제너의 머릿속에 문득 그런 생각이 떠올랐어.

1796년, 마침내 기회가 찾아왔어. 하녀 하나가 우두에 걸리자,

제너는 하녀의 손에서 고름을 뽑아 냈어. 그리고는 그 하녀의 여덟 살 난 아들의 팔에 주사를 했어. 아이는 잠깐 우두를 앓더니 곧 회복되었어.

6주가 지난 뒤, 제너는 무시무시한 실험을 했어. 아이에게 진짜 천연두 고름을 주사한 거야. 이런 일은 오늘날에는 절대 용납되지 않아. 사람의 목숨을 걸고 실험을 하다니 말이야.

다행히도 아이는 천연두에 걸리지 않았어.

"성공이다! 우두로 천연두를 예방할 수 있게 되었어!"

제너는 곧바로 자신의 실험 결과를 발표했어. 이것이 바로 제너의 종두법이란다.

하지만 처음에는 제너의 주장이 받아들여지지 않았어. 교회에서는 종두법이 동물의 병을 사람에게 옮기는 범죄라고 비난했어. 의사들은 우두를 접종받으면 얼

우두를 접종하면 천연두에 걸리지 않을 거야.

우두를 접종받으면 소가 된다는 당시 사람들의 생각을 알 수 있는 그림이에요.

마 뒤에 얼굴이 소와 같이 변할 것이라고 했지. 다른 동물의 병을 이용해서 사람의 병을 고친다는 것에 대한 거부감 때문이었어.

하지만 제너는 종두법을 계속 연구하고 실험해서 안전하다는 것을 증명했어. 제너의 종두법은 곧 전세계로 퍼져 나갔지. 이제 더 이상 천연두에 걸리는 사람은 없어. 백신 접종을 통해 천연두가 완전히 사라지게 된 거야.

제너의 종두법은 질병을 미리 예방하는 예방 의학의 시작이었단다.

의사들은 어떤 병원에서 어떤 일을 할까?

환자나 부상자를 진찰하고 치료하는 곳을 병원이라고 한다.

병원은 크게 종합 병원, 병원, 의원으로 나눌 수 있다. 종합 병원은 100명 이상의 환자가 입원할 수 있는 규모를 갖춘 병원으로, 내과, 외과, 소아청소년과를 비롯한 다양한 분야의 전문의가 있는 곳이다. 병원은 30명 이상의 환자가 입원해서 치료를 받을 수 있는 곳이다. 의원은 30명 미만의 환자가 입원할 수 있는 곳으로, 입원 환자보다는 진료를 받으러 오는 환자가 많다.

이 밖에도 한의학으로 환자를 치료하는 한방 병원이나 한의원도 있다.

병원은 치료 부위나 질병의 종류에 따라 여러 분야로 나누어져 있는데, 주요 분야는 다음과 같다.

외과 : 몸의 상처를 치료하거나 수술을 하는 곳.
내과 : 몸 속 장기 등에 생긴 병을 치료하는 곳.
안과 : 눈의 병을 치료하는 곳.

치과 : 이를 치료하는 곳.
이비인후과 : 귀, 코, 목구멍에 생긴 병을 치료하는 곳.
정형외과 : 부러지거나 다친 뼈를 치료하는 곳.
산부인과 : 임신이나 출산 및 부인병과 관련된 치료를 하는 곳.
신경정신과 : 정신 질환을 치료하는 곳.
소아청소년과 : 어린아이나 청소년의 병을 치료하는 곳.
피부과 : 피부에 생긴 병을 치료하는 곳.
방사선과 : 엑스레이 등과 같은 방사선을 이용해서 병을 진단하고 치료하는 곳.

이 밖에 일반 병원과 달리 특정 질병에 걸린 환자만을 전문으로 치료하는 특수 병원이 있다. 특수 병원에는 한센병 환자를 전문으로 치료하는 나병원, 결핵 환자를 전문으로 치료하는 결핵 병원, 암 환자를 전문으로 치료하는 암병원 등이 있다.

병균으로 병균을 이기다

백신이란?

학교나 병원에서 예방 주사를 맞은 적이 있을 거야. 예방 주사 안에 뭐가 들어 있는지 아니? 놀랍게도 병균이 들어 있단다. 하지만 너무 걱정하지는 마. 예방 주사 안에 들어 있는 병균은 이미 죽었거나 힘이 없는 병균들이니까.

우리 몸은 힘이 없는 병균들을 쉽게 이길 수 있어. 그러면 우리 몸은 그 병균을 기억하고 병균을 이길 수 있는 항체를 만들어. 일단 몸 안에 항체가 만들어지면 매우 힘이 강한 병균이 들어와도 이길 수 있단다. 바로 면역이 생긴 거야. 그래서 우리는 병에 걸리지 않기 위해 여러 가지 예방 주사를 맞는 거란다. **예방 주사에 쓰이는 주사액을 '백신'이라고 해.**

놀랍게도 백신은 세균이나 바이러스가 무엇인지도 잘 몰랐던 시대에 만들어졌단다. 천연두를 예방하기 위한 우두가 최초의 백신이었거든. 제너를 비롯한 당시 의학자들은 왜 우두의 고름을 사람에게 주사하면 천연두가 예방되는지 정확히 알지 못했어. 물론 천연두를 일으키는 바이러스에 대해서도 알지 못했단다.

파스퇴르의 백신법

면역과 백신을 본격적으로 연구한 사람은 파스퇴르였어. 파스퇴르는 세균 때문에 질병이 일어난다는 것을 알고 있었지.

1870년대 말에 파스퇴르는 당시 크게 유행하던 닭콜레라에 대한 연구를 하고 있었어. 닭콜레라에 걸린 닭은 시름시름 앓다가 하루 이틀 만에 죽어 버렸단다. 닭콜레라가 한번 생기면 양계장의 모든 닭들이 죽어 버리는 일이 많았지.

"닭콜레라 때문에 농민들의 손해가 이만저만이 아니군. 닭콜레라를 막을 방법을 찾아봐야겠어. 그러려면 먼저 닭콜레라를 일으키는 세균을 찾아 내야 해."

파스퇴르는 닭콜레라에 걸린 닭의 피를 뽑아서 따뜻한 수프 위에 떨어뜨렸어. 며칠 뒤, 수프에서는 엄청나게 많은 세균들이 자라났어. 그 수프를 먹인 닭들은 모두 닭콜레라에 걸려 죽었지.

"이게 바로 닭콜레라를 일으키는 세균이군."

파스퇴르는 닭콜레라를 일으키는 세균을 발견했다는 기쁨에 흘 병균도 찾았으니 휴가나 가자고!

그냥 가 버리면 우린 어떡해?

가분한 마음으로 휴가를 떠났어.

며칠 뒤, 휴가에서 돌아온 파스퇴르는 다시 닭콜레라 연구를 시작했어. 예전처럼 닭콜레라균이 들어 있는 수프를 닭에게 먹여 보았지. 그런데 놀라운 일이 일어났어. 수프를 먹인 닭이 닭콜레라에 걸린 듯하더니 며칠이 지나자 다시 건강해진 거야.

"이상하다? 왜 저 닭은 콜레라에 걸리지 않은 거지?"

의아하게 생각한 파스퇴르는 닭에게 먹인 수프를 자세히 살펴보았어. 그런데 그 수프는 자신이 휴가 가기 전에 만들어 놓았던 오래 된 닭콜레라균 수프였지. 곰곰이 생각하던 파스퇴르는 마침내 제너의 종두법을 떠올렸어.

"만들어 놓은 지 오래 된 수프 안에 들어 있던 닭콜레라균이 약해진 것이 틀림없어. 이걸 이용하면 제너의 종두법처럼 닭콜레라를 예방할 수 있을지 몰라."

파스퇴르는 다시 실험을 시작했어. 건강한 닭들에게 각기 다른 닭콜레라균 수프를 먹인 것이었지.

파스퇴르의 실험

1. 닭 10마리에게 방금 만든 닭콜레라균 수프를 먹인다. → 닭들은 모두 금방 죽어 버렸다.

2. 닭 10마리에게 만든 지 열흘이 지난 닭콜레라균 수프를 먹인다. → 닭들은 잠깐 동안 닭콜레라를 앓는 것 같았지만 다시 건강해졌다.

3. 만든 지 열흘이 지난 닭콜레라균 수프를 먹고 살아난 닭들에게 방금 만든 닭콜레라균 수프를 먹인다. → 닭들은 닭콜레라에 걸리지 않고 건강했다.

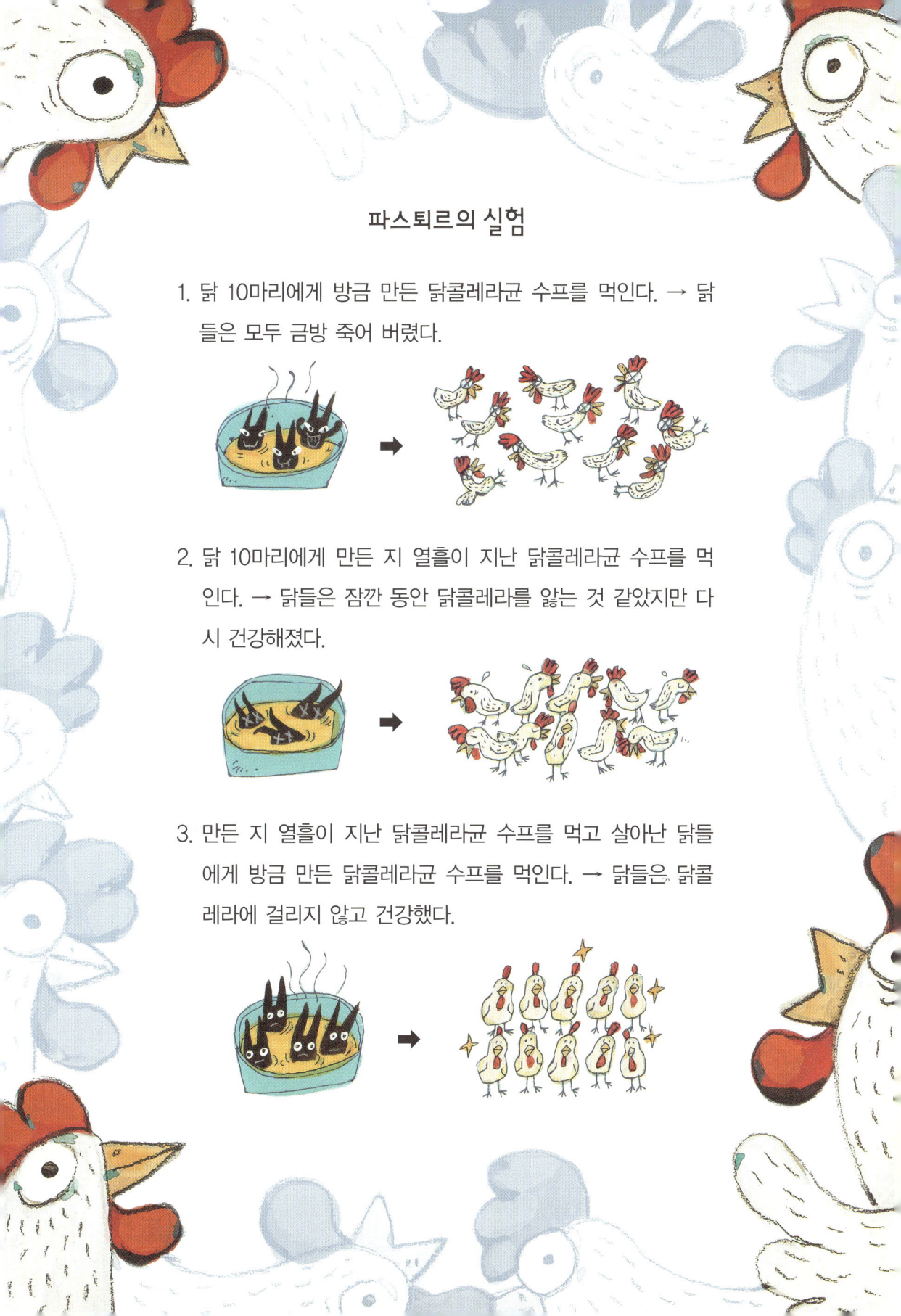

"병균을 약하게 만들어서 닭에게 먹이면 닭의 몸에서 면역이 생겨 콜레라에 걸리지 않는다."

드디어 파스퇴르가 닭콜레라를 예방할 수 있는 방법을 찾은 거야. 파스퇴르는 **약하게 만든 병균을 '백신'이라고 이름지었어.** 그리고 똑같은 방법으로 소나 양의 탄저병, 돼지콜레라 등을 일으키는 병균과 예방법도 찾아 냈단다.

목숨을 건 실험

파스퇴르는 광견병에 대한 연구를 시작했어. 광견병은 개나 고양이 같은 동물들이 걸리는 병이야. 하지만 광견병에 걸린 개나 고양이에게 물리면 사람에게도 전염된단다. 광견병에 걸리면 대부분 미쳐 죽거나 살아나도 온몸이 마비되지.

파스퇴르는 이 무서운 광견병을 일으키는 세균을 찾으려고 했지만 끝내 찾지 못했어. 그도 그럴 것이 광견병은 세균이 아니라 바이러스 때문에 생기는 병이거든. 파스퇴르가 아무리 현미경을 들여다봐도 세균보다 훨씬 작은 바이러스를 볼 수 없었던 거야.

광견병을 일으키는 세균은 찾지 못했지만, 파스퇴르는 실험을 통해서 **광견병 백신**을 개발했어.

그러던 어느 날이었어. 한 아주머니가 파스퇴르 연구소의 문을

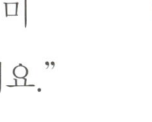

다급하게 두드렸어.

"선생님, 제발 제 아들을 살려 주세요. 아들이 미친 개에게 물렸어요."

아주머니와 함께 온 소년의 모습은 너무 끔찍했어. 미친 개에게 얼굴, 손, 그리고 몸을 14군데나 물려 깊은 상처가 나 있었거든.

파스퇴르는 난감했어. 광견병 백신을 개발했지만 아직 사람에게 실험할 수 있는 단계는 아니었거든.

"이를 어쩌지요? 광견병 백신은 아직 완성된 것이 아닙니다. 만약 백신을 주사하면 아드님이 죽을 수도 있습니다."

"주사를 맞지 않아도 어차피 죽을 테니, 제발 주사라도 맞게 해 주세요."

한참 망설이던 파스퇴르는 소년에게 광견병 백신을 실험하기로 결심했어. 파스퇴르는 자신이 만든 광견병 백신을 조심스럽게 소년에게 주사했어. 그리고는 초조한 마음으로 결과를 지켜봤지. 다행히 열흘이 지나도 소년에게는 광견병 증세가 나타나지 않았어.

이것이 파스퇴르가 백신을 처음으로 사람에게 적용한 예란다.

곰팡이에서 찾아 낸 위대한 발견

세균기르기

학자들은 병을 예방하는 백신 외에도 병을 치료할 수 있는 새로운 방법들을 발견했어. 가장 대표적인 것이 바로 항생제야. **항생제란 병균을 죽이거나 기능을 떨어뜨리는 물질**을 말해. 항생제를 처음 만든 사람은 영국의 알렉산더 플레밍이란다.

1906년, 의과 대학을 졸업하고 연구실에 들어간 플레밍의 관심은 오로지 세균뿐이었어. 플레밍은 온갖 종류의 세균을 키우고 관찰하는 것으로 하루를 보냈지.

플레밍이 알려 주는 세균 기르는 방법

1. 먼저 백금으로 된 철사를 불에 달구어서 철사에 붙어 있는 세균들을 죽인다.

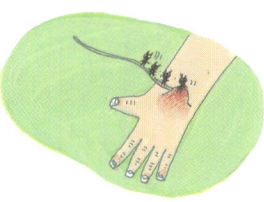

2. 불에 달군 백금 철사로 부스럼이나 종기와 같은 상처 부위에서 세균을 채취한다.

3. 세균을 채취한 철사를 접시에 묻혀서 세균이 접시로 옮겨 가게 한다. 이 때, 접시에는 세균들이 좋아하는 먹이를 젤리로 만들어 넣어 둔다.

딱딱한 철사보다 푹신한 이 곳이 더 좋은걸.

4. 다른 세균들이 들어오지 못하도록 뚜껑을 단단히 덮어 둔다.

음, 맛있다. 역시 젤리가 최고야.

문 열어 줘! 나도 젤리 먹고 싶단 말이야.

5. 세균이 좋아하는 온도와 습도를 유지해 준다.

곰팡이에서 찾아 낸 위대한 발견

우연히 떨어진 콧물의 위력

플레밍은 이렇게 하루 종일 세균과 함께 지내다 보니 세균으로 그림 그리는 것이 취미가 될 정도였지. 세균으로 어떻게 그림을 그리냐고? 말이 안 되는 것 같지만 세균으로 그림을 그릴 수 있단다. 세균은 종류에 따라서 다른 색깔을 나타내. 그래서 바늘 끝에다가 각각의 세균을 묻혀서 세균을 키우는 접시 위에 그림을 그리는 것이지. 이렇게 그림을 그려 놓으면 세균이 자라면서 그림이 점점 뚜렷해진단다.

플레밍은 그만큼 세균에 큰 관심을 가지고 세균을 연구했던 사람이었어. 그러던 어느 날, 플레밍은 우연히 놀라운 발견을 하게 되었어.

감기에 걸린 플레밍이 세균을 기르던 접시에 콧물을 떨어뜨린 거야. 콧물 한 방울 떨어뜨린 게 뭐 그리 대단한 일이냐고? 물론 대단하고말고. 콧물이 접시에 있던 세균들을 모두 죽여 버렸거든.

이상하게 생각한 플레밍은 콧물이 떨어진 접시를 열심히 관찰하고 조사했어. 그 결과, **콧물 속에 세균을 죽이는 '리소자임'이라는 물질이 들어 있다는 것**을 알아 냈어. 우연히 떨어진 콧물 한 방울로 대단한 발견을 한 것이지.

리소자임을 발견한 플레밍은 흥분을 감추지 못했어. 하지만 콧물 속에 있는 리소자임은 약으로 만들 수 있을 만큼 강한 힘을 가지고 있지 못했어. 이 일로 플레밍은 세균을 죽이는 물질에 관심을 갖게 되었단다.

푸른곰팡이가 만들어 낸 기적

계속해서 연구에 몰두 중이던 1928년, 플레밍은 또다시 위대한 발견을 하게 되었어. 이번에도 역시 플레밍의 실수 때문에 한 우연한 발견이었어.

세균을 기를 때에는 다른 세균이 들어가지 못하도록 뚜껑을 잘 덮어야 한다고 말한 적이 있지? 뚜껑을 덮어 두지 않으면 공기 중에 있는 다른 세균들과 섞여 엉망이 되어 버리거든.

그 무렵 플레밍은 포도상구균이라는 세균을 연구하고 있었어. 그런데 휴가를 마치고 연구소로 돌아와 보니, 포도상구균을 기르던 접시 하나에 푸른곰팡이가 피어 있었어. 뚜껑을 잘 덮어 두지 않았던 거야.

"이런, 이걸 어쩌나?"

플레밍은 곰팡이가 핀 접시를 버리려고 했어. 그런데 뭔가 이상했어. 푸른곰팡이 주변에 세균이 하나도 없는 거야.

"혹시 푸른곰팡이가 세균을 죽인 게 아닐까?"

플레밍은 바로 푸른곰팡이에 대한 연구를 시작했어. 실험 결과, '페니실륨 노타튬'이라는 **푸른곰팡이가 폐렴균, 탄저균 등 많은 세균을 죽이는 힘이 있다는 것**을 알아 냈어. 플레밍은 푸른곰팡이가 만들어 내는 액체 물질이 세균을 죽이는 것이라고 결론을 내렸어. 그리고 그 물질을 빼내어 **'페니실린'**이라고 이름지었지. 최초의 항생제가 태어난 거야.

1929년, 플레밍은 자신의 연구 결과를 논문으로 발표했어. 하지만 처음엔 페니실린은 관심을 끌지 못했어.

"한낱 곰팡이가 뭐 그리 대단하다고!"

학자들은 비웃었단다.

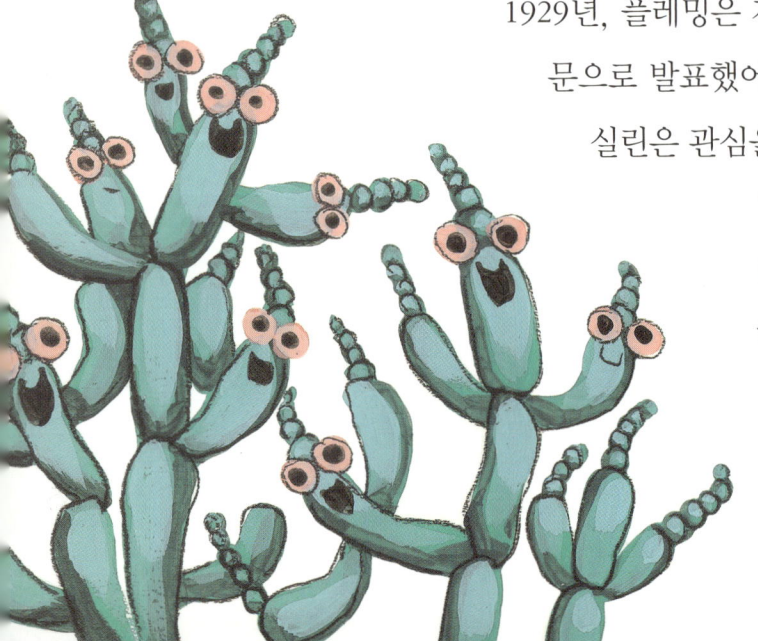

사실 플레밍이 발견한 페니실린은 사람 몸 안에 있는 병균을 죽일 만큼 강하지 않았거든.

10여 년의 세월 동안 묻혀 있던 플레밍의 연구는 1940년, 플로리와 체인이라는 두 영국 사람이 푸른곰팡이에서 페니실린을 순수하게 뽑아 냄으로써 다시 빛을 보게 되었어. 플로리와 체인은 페니실린에 화학 성분을 첨가해 페니실린의 힘을 강하게 만들었고, 2년 뒤에는 대량 생산에 성공했어. 수많은 사람들을 살려 낼 수 있는 페니실린은 이렇게 세상에 알려졌단다.

1945년, 플레밍은 플로리와 체인과 함께 노벨 생리·의학상을 받았어. 이후 여러 나라에서 또다른 항생제를 찾기 위한 연구들이 계속되었어. 그 결과, 현재까지 600여 종이 넘는 항생 물질이 발견되었고, 그 가운데 수십 종이 질병을 고치는 약으로 사용되고 있단다.

살아 있는 사람의 몸 속을 보다

우연히 발견된 엑스선

병원에서 엑스선(엑스레이) 촬영을 해 본 적이 있니? 엑스선으로는 뼈의 모양이나 뱃속에 들어 있는 이물질을 쉽게 볼 수 있어. 그래서 뼈를 다쳤거나 먹지 말아야 할 것을 삼켰을 때 엑스선 촬영을 하는 거란다. 엑스선은 현재 환자의 상태를 알기 위해서 전세계적으로 가장 널리 쓰이는 검사 도구야.

서양 의학에서는 먼 옛날부터 사람 몸 속의 구조를 알기 위해서 많은 노력을 했어. 그래서 발달한 것이 해부학이야. 해부학의 발달로 사람의 몸 속을 알 수 있게 되었지만 해부학만으로는 부족한 점이 많았어. 사람의 몸이 비슷하게 생겼다고는 하지만 각 사람마다 조금씩 차이가 있거든. 또, 정확한 진단과 치료를 위해서는 환자의 몸 속을 보는 것이 가장 좋지만 살아 있는 사람의 몸에 칼을 대서 몸 속을 열어 볼 수는 없는 일이었어. 그래서 의사들은 고민하기 시작했어.

"살아 있는 사람의 몸 속을 볼 수 있다면 어디가 병들었는지 정확히 알 수 있을 텐데……."

이런 의사들의 고민을 해결해 준 것이 바로 엑스선이었어. 엑스선은 아주 우연히 발견되었단다.

1800년대 후반, 학자들은 진공관을 이용해 여러 가지 실험을 했어. 진공관은 에디슨이 1883년에 백열등을 만들면서 발명한 것으로, 공기가 전혀 없는 관을 말해. 진공관 안에서는 공기 중에서와는 다른 현상들이 많이 일어났어. 그래서 많은 물리학자들이 진공관에 대해서 연구했지.

독일의 뢴트겐 역시 진공관에 흥미를 가지고 여러 가지 실험을 했어. 1895년 11월 8일, 뢴트겐은 두꺼운 검은 종이로 진공관을 둘러싸서 어떤 빛도 새어나오지 못하게 했어. 그런데 진공관에 전기를 통하자 이상한 일이 벌어졌단다. 가까이 있던 판이 밝게 빛났거든. 분명히 빛이 새어나오지 못하도록 막았는데도 말이야.

"이 빛은 뭐지? 어디 다른 곳에서 빛이 들어왔나?"

뢴트겐은 방 안을 둘러보았지만 빛이 들어오는 곳은 없었어.

"혹시 저 진공관에서 빛이 나오는 것은 아닐까?"

뢴트겐은 진공관 주변을 자세히 살펴보았어. 빛은 분명히 검은 종이로 막아 놓은 진공관에서 나오는 것이었어.

"빛이 두꺼운 종이를 뚫고 나오다니!"

뢴트겐은 이 이상한 빛이 다른 물건도 통과할 수 있는지 실험해 보았어. 헝겊이나 책 등으로 앞을 막아 놓아도 이상한 빛은 그것들을 통과했어.

"정말 이상한 빛이군! 이 빛이 내 몸도 통과할 수 있을까?"

뢴트겐은 자신의 손을 빛이 나오는 곳에 조심스럽게 갖다 대었어. 그랬더니 정말 놀라운 일이 벌어졌어. 이상한 빛은 그의 손을 뚫고 나와 뼈 모양만 선명하게 보여 주었어. 뢴트겐은 자신이 발견한 것이 놀랍고 신기했어.

"이것을 사진으로 찍을 수 없을까?"

뢴트겐은 이상한 빛이 통과한 부인의 손을 사진으로 찍었어. 사진에는 부인의 손가락뼈와 그 둘레에 희미하게 나타난 근육의 모습이 찍혔지.

뢴트겐은 기존의 광선보다 훨씬 투과력이 큰 이 수수께끼 같은 방사선을 'X선'이라고 이름붙였단다. 정체를 정확히 알 수 없었기 때문에 붙인 이름이었지. 뢴트겐은 자신이 발견한 것을 논문으로 발표했어. 온 세계가 이 위대한 발견에 뜨거운 박수를 보냈고, 뢴트겐은 이 업적으로 최초의 노벨 물리학상 수상자가 되었단다.

엑스선이 발견될 무렵에 독일에서 만들어진 그림 엽서예요.

다양한 분야에 사용되는 엑스선

 엑스선의 발견으로 간단하게 사진만 찍으면 살아 있는 사람의 몸 속을 볼 수 있게 되었어. 의사들은 엑스선을 통해서 뼈가 부러진 부분을 찾을 수 있었고, 장기에 어떤 이상이 생겼는지 알 수 있게 되었지. 뿐만 아니라 몸 속에 들어간 이물질도 엑스선을 통해서 금방 찾아 낼 수 있었단다.

 엑스선은 의사나 과학자뿐만 아니라 일반인들도 대단한 관심을 보였어. 그래서 엑스선이 처음 발견되었을 때 엑스선에 대한 오해도 많았고, 웃지 못할 일도 많이 생겼단다.

엑스선에 대한 오해들

1. 엑스선으로 모든 것을 볼 수 있다.

　사람들은 엑스선을 이용하면 집 밖에서도 안에 있는 사람들이 무엇을 하고 있는지 알 수 있다고 생각했다. 또, 옷을 입고 있더라도 발가벗은 모습을 볼 수 있다고 생각했다. 그래서 엑스선을 막는 물건을 파는 장사꾼들까지 생겨났다.

2. 엑스선으로 마음을 찍을 수 있다.

3. 엑스선으로 물건을 크게 만들거나 숫자를 늘릴 수 있다.

엑스선으로 이 금덩이를 크게 만들어 주세요.

오늘날 엑스선은 병의 진단뿐만 아니라 치료 도구로도 이용되고 있어. 특히 암을 치료하는 데 유용하게 사용되고 있어. 엑스선은 의학뿐만 아니라 다양한 분야의 학문에 이용되어 학문 발전에 크게 이바지했어. 화학, 공학, 생물학, 지질학 등에서도 사람의 눈으로 볼 수 없는 것을 연구하기 위해서 엑스선을 사용하고 있단다.

채소를 먹지 않으면 병에 걸린다?

원인을 알 수 없는 병들

콜럼버스가 아메리카 대륙을 발견하자 유럽 여러 나라들이 아메리카 대륙으로 진출했어. 그 곳에 식민지를 만들면 귀한 보물과 많은 식량을 얻을 수 있었기 때문이었지. 유럽의 강대국들은 아메리카 대륙뿐만 아니라 아프리카, 아시아까지 식민지를 만들기 위해 군대를 보냈어. 병사들은 한번 배를 타면 몇 개월 동안 계속 항해를 해야 하는 경우가 많았단다.

항해가 길어지자 선원들과 병사들의 몸에 이상이 나타나기 시작했어. 온몸에 힘이 빠지고 입맛이 없어지는 거야. 그러다가 잇몸에서 피가 나고 이가 빠지는 사람도 있었어. 더 심해지면 열이 나고 숨을 쉬지 못해 죽기도 했어. 그런데 신기하게도 육지에 도착하면 별다른 치료를 하지 않아도 병이 점점 나았지. 도대체 이 알 수 없는 병은 무엇이고, 왜 생기는 걸까?

　선원들과 병사들이 걸린 병은 '괴혈병'이었어. 의사들은 아무리 연구를 해도 괴혈병을 일으키는 병균을 찾을 수 없었어. 당연한 일이었어. 괴혈병의 원인은 병균이 아니라 음식이었거든.

　당시에는 냉장고가 없었기 때문에 썩지 않고 오래 보관할 수 있는 음식들만 배에 실을 수밖에 없었어. 따라서 곡식이나 마른 고기 같은 음식은 충분했지만 채소나 과일은 제대로 먹을 수 없었지. 괴혈병은 바로 과일이나 채소의 섭취가 부족할 때 생기는 병이야. 육지에 내려서 생활하다 보면 병이 저절로 나았던 까닭은 육지에서는 과일이나 채소를 충분히 먹을 수 있었기 때문이지.

　1800년대 후반, 일본 해군에서도 이상한 병이 생겼어. 군함에 타고 있던 수많은 해군들이 손과 발에 감각이 없어지거나 다리가 부어 제대로 걸을 수 없었던 거야. 병이 심해진 병사들은 심장이 약해져 죽어 갔어. 너무 많은 병사들이 이 병에 걸려서 군함을 제대로 운항할 수 없을 지경이 되었지. 그 병은 영국이나 미국, 프랑스 군함에 타고 있는 병사들은 걸리지 않고 유독 일본 해군에게만 나타났어. 그리고 채소나 레몬을 먹어도 낫지 않았어. 어느 누구도 이 병이 무슨 병인지 알지 못했단다.

일본 해군 병사들이 걸린 병은 각기병이었어. 각기병의 원인도 음식이었지. 배에서 일본 병사들은 주로 흰쌀밥을 먹었어. 그런데 흰쌀에 현미나 보리를 섞어 먹고 난 뒤부터 각기병이 없어졌어.

과일이나 채소, 쌀 하나 때문에 끔찍한 병에 걸리다니! 말이 안 되는 것 같지만 사실이야. 괴혈병이나 각기병은 비타민이 부족해서 생기는 병이란다.

비타민을 발견하다

비타민은 사람이 살아가기 위해 꼭 필요한 영양소야. 하지만 정작 비타민의 존재를 발견한 것은 그리 오래 되지 않았어.

1800년대 말, 인도네시아에서는 많은 사람들이 각기병에 걸려 죽어 가고 있었어. 학자들은 각기병이 전염병이라고 생각하고 인도네시아로 가 연구를 하기 시작했지. 하지만 아무리 연구를 해도 각기병을 일으키는 세균을 찾을 수 없었어.

대부분의 학자들은 인도네시아를 떠났어. 하지만 네덜란드의 의사인 에이크만은 끝까지 남아 닭을 이용한 실험을 하고 있었단다. 그러던 어느 날, 닭들을 살펴보던 에이크만은 깜짝 놀랐어. 많은 닭들이 다리를 후들후들 떨면서 걷다가 넘어져서 일어나지 못하는 거야.

"이건 사람들이 걸리는 각기병과 비슷한 증상이잖아!"

그 날부터 에이크만은 닭들을 세심하게 관찰했어. 그런데 며칠 뒤, 놀라운 일이 일어났어. 움직이지도 못하던 닭들이 갑자기 말짱하게 걸어다니는 거야.

"어떻게 된 거지? 약도 주지 않았는데 어떻게 병이 나았을까?"

에이크만은 오랜 관찰 끝에 그 이유를 알아 냈어. 바로 먹이 때문이었지. 흰쌀만 먹던 닭들은 각기병에 걸렸고, 현미를 먹이자 다시 건강해졌던 거야. 음식으로 병을 고칠 수 있다는 것을 증명한 것이지.

"흰쌀에 병을 일으키는 독이 들어 있는 것이 틀림없어."

에이크만은 이렇게 생각했어. 하지만 에이크만과 좀 다르게 생각한 사람들이 있었어.

"흰쌀에 독이 들어 있는 것이 아니라 중요한 성분이 빠져 있는 게 아닐까? 사람을 비롯한 동물이 살아가는 데 꼭 필요한 성분이 흰쌀에는 없고, 현미에만 있는 게 아닐까?"

과학자들은 현미에만 있는 성분을 찾아 내기 위해 실험과 연구를 계속했어. 그 결과, 1911년 미국의 생화학자 풍크는 쌀겨에서 각기병을 치료할 수 있는 성분을 찾아 냈어. 풍크는 그 물질의 이름을 '비타민'이라고 이름지었어. **비타민이라는 말은 생명 유지에 꼭 필요한 물질**이라는 뜻이야.

그 뒤로 비타민에 대한 연구가 본격적으로 이루어졌어. 학자들은 비타민이 한 가지가 아니라 여러 가지 종류가 있다는 것을 알아 냈어. 또한 각각의 비타민이 부족했을 때 생기는 병들도 알 수 있었지.

비타민의 종류와 부족했을 때 생기는 병

비타민 A : 밤눈이 어두워지는 야맹증에 걸리는데, 심하면 시력을 잃을 수도 있다. 또, 몸이 약해져 감기에 걸리기 쉽고 폐결핵도 잘 걸린다. 피부가 건조해지는 피부 건조증도 나타난다.

비타민 B : 각기병, 피부염, 각막 충혈, 백내장 등에 걸리기 쉽다. 입맛이 없고 빈혈이 생기며, 설사를 한다. 불면증이나 초조감, 현기증 등이 나타난다. 비타민 B_1, B_2, B_6, B_{12} 등 여러 가지 종류가 있다.

비타민 C : 잇몸에서 피가 나고 온몸이 나른해지는 괴혈병에 걸리기 쉽다. 관절염, 근육통의 원인이 되기도 한다.

비타민 D : 뼈가 기형이 되는 구루병(곱사병)과 골다공증에 걸리기 쉽다. 기분이 나빠지고 밥맛이 없기도 하다. 햇빛을 받아 몸에서 만들어 낼 수 있다.

비타민 K : 상처에서 피가 많이 나며, 한번 피가 나면 잘 멎지 않는다. 장에 사는 세균들에 의해서 만들어지기도 하나 양이 적다.

우리 몸의 기능을 조절하고 생명을 유지하기 위해 꼭 필요한 비타민은 약 13가지 정도로 알려져 있어. 비타민은 우리 몸에서 만들 수 없어. 그러니까 음식물을 통해서 충분히 섭취해야 한단다.

비타민을 섭취할 수 있는 음식

비타민 A : 간, 생선 기름, 우유, 당근, 고구마, 살구, 시금치, 양배추.

비타민 B : 돼지고기, 쇠고기 등의 육류, 콩류, 견과류, 곡류, 우유, 생선, 달걀.

비타민 C : 감귤류, 딸기, 사과, 토마토, 시금치 등의 각종 과일이나 채소류.

비타민 D : 청어, 고등어, 연어, 참치 등 기름이 많은 생선, 달걀, 버섯.

비타민 K : 녹황색 채소, 해초류.

비타민과 노벨상

사람이 살아가는 데 없어서는 안 될 중요한 영양소인 비타민은 그 중요성만큼이나 많은 노벨상 수상자를 배출했다.

1928년 화학상 : 비타민 D의 구조를 밝혀 낸 독일의 빈다우스.
1929년 생리·의학상 : 비타민 발견의 공로로 영국의 홉킨스와 네덜란드의 에이크만.
1937년 화학상 : 비타민 C의 합성에 성공한 영국의 호어스와 스위스의 카러.
생리·의학상 : 비타민 C와 푸마르산의 접촉 작용에 대한 연구로 헝가리 출신의 미국 생화학자 센트 죄르지.
1938년 화학상 : 비타민 B_2의 합성에 성공한 독일 출신의 리하르트 쿤.
1943년 생리·의학상 : 비타민 K의 합성에 성공한 덴마크 태생의 담과 미국의 도이지.

이 밖에도 노벨상 수상자 중에는 비타민을 연구했던 사람들이 많다.

 혈액과 수혈

동물 피로 수혈을 했다?

우리 몸에 꼭 필요한 피

두근두근, 심장은 하루 종일 쉬지 않고 뛰어. 심장이 계속해서 뛰는 것은 온몸에 피를 보내기 위해서란다. 피는 우리 몸 구석구석을 돌면서 세포에 산소와 영양분을 나누어 주는 일을 해. 또, 몸 속에 있는 찌꺼기와 이산화탄소를 몸 밖으로 내보내기도 하지.

피 한 방울 안에 있는 것들

피에 대한 옛날 사람들의 생각

1. 여자는 피를 흘리기 때문에 부정한 존재다.

아주 오랜 옛날에도 사람들은 생명을 유지하기 위해서는 피가 꼭 필요하다는 사실을 알고 있었다. 더 나아가 피는 사람의 영혼이 담겨 있는 신성한 것이라고 생각했다. 먼 옛날에 여자들을 무시하고 차별했던 이유 중 하나는 여자들이 한 달에 한 번씩 월경을 하기 때문이었다.

2. 병은 나쁜 피 때문에 생긴다.

옛날 의사들은 몸에 병이 생기는 것은 핏속에 나쁜 기운이 들어갔기 때문이라고 생각했다. 그래서 나쁜 피를 뽑아 내기 위해 칼로 상처를 내거나 심지어는 환자의 온몸에 거머리를 붙이기도 했다.

우리 몸에는 약 4~5ℓ의 피가 있어. 피는 계속해서 몸에서 만들어지기 때문에 어느 정도 흘려도 상관 없지만, 3분의 1 이상을 한꺼번에 흘리면 목숨을 잃을 수도 있단다. 그래서 큰 상처가 나면 어떻게든 피를 멎게 하는 것이 중요하지.

피를 한꺼번에 많이 흘렸을 때 필요한 것이 바로 수혈이야. **수혈은 다른 사람의 피를 환자의 몸 속에 넣어 주는 거란다.**

동물의 피를 사람에게 수혈하다

의사나 과학자 들은 수혈에 대해서 오래 전부터 고민해 왔어. 처음으로 수혈에 성공한 사람은 프랑스의 의사, 드니였단다.

드니는 많은 피를 흘려 죽어 가던 개에게 다른 개의 피를 수혈했어. 그러자 개는 살아났지. 드니는 이 실험을 바탕으로 1667년, 빈혈이 심한 소년에게 수혈을 했어. 그런데 소년에게 수혈한 피는 사람의 피가 아니라 새끼양의 피였어.

최초의 수혈은 동물의 피로 했던 거지.

다행히 새끼양의 피를 수혈받은 소년은 약간의 문제가 있기는 했지만 곧 건강해졌어. 자신감을 얻은 드니는 다음 해에 다른 환자에게 양의 피를 수혈했어. 하지만 양의 피를 수혈받은 환자는 목숨을 잃고 말았어. 프랑스 정부는 수혈을 금지시켰고, 이후 150년 동안 누구도 수혈을 할 수 없었어.

한편, 영국에서는 계속해서 수혈이 이루어졌어. 의사와 과학자들은 여러 동물 실험을 통해서 수혈은 같은 종류의 동물끼리 해야 한다는 것을 밝혀 냈어. 그리고 사람에게는 사람의 피를 수혈해야 한다는 것도 알아 냈지. 사람과 사람 사이의 수혈이 시작된 거야. 하지만 수혈을 받고 건강을 되찾은 사람도 많았지만 죽는 사람도 많았어. 수혈을 받는 순간, 피가 엉겨붙어서 핏줄을 막아 버렸기 때문이야. 의사들은 왜 이런 일이 일어나는지 알지 못했어.

"환자의 몸 상태가 너무 안 좋아서 그럴 거야."

의사들은 이렇게 생각할 뿐이었지.

혈액형의 발견

수혈을 받고 나서 피가 엉겨붙는 까닭을 발견한 사람은 오스트리아의 병리학자 란트슈타이너야. 란트슈타이너는 어떤 사람의 피를 다른 사람의 피와 섞자, 적혈구들끼리 엉겨붙는 것을 관찰했어.

"적혈구들이 엉겨붙어서 피가 굳어지는구나. 피가 굳어져서 핏줄을 막아 버리니 사람이 죽는 거고."

그런데 서로 다른 사람의 피를 섞는다고 해서 항상 적혈구들이 엉겨붙지는 않았어.

"이상하다? 어떤 사람의 피는 굳어지는데 어떤 피는 전혀 이상이 없잖아. 이건 사람마다 피가 다르다는 뜻이야."

오랜 실험과 관찰을 통해서 란트슈타이너는 1901년, A형, B형, O형의 세 가지 혈액형이 있다고 발표했어. 이듬해에는 네 번째 혈액형인 AB형이 발견되었지.

혈액형은 적혈구 속에 들어 있는 엉기게 하는 물질의 종류에 따라 달라지는 거란다.

수혈받을 수 있는 피는?

란트슈타이너가 혈액형을 발견함으로써 안전한 수혈을 할 수 있게 되었어.

수혈을 받을 때에는 같은 혈액형의 피를 수혈받는 것이 가장 좋아. 하지만 어쩔 수 없는 경우라면 다른 혈액형의 피도 수혈받을 수 있어. 다른 혈액형의 피가 들어왔다고 해서 무조건 엉겨붙는 것은 아니기 때문이지.

먼저 O형인 사람은 O형에게 수혈을 할 수 있고, 적은 양일 경우 A형, B형, AB형 모두에게 수혈을 할 수 있어. A형인 사람은 A형, AB형에게 수혈을 할 수 있고, B형인 사람은 B형, AB형에게 수혈을 할 수 있어. AB형인 사람은 AB형에게만 수혈을 할 수 있지.

반대로 수혈을 받을 때는 AB형인 사람은 혈액형에 상관 없이 누구에게나 수혈받을 수 있어. 하지만 A형인 사람은 A형과 O형, B형인 사람은 B형과 O형, O형인 사람은 O형인 사람의 피만 수혈받을 수 있단다.

수혈받을 수 있는 혈액형

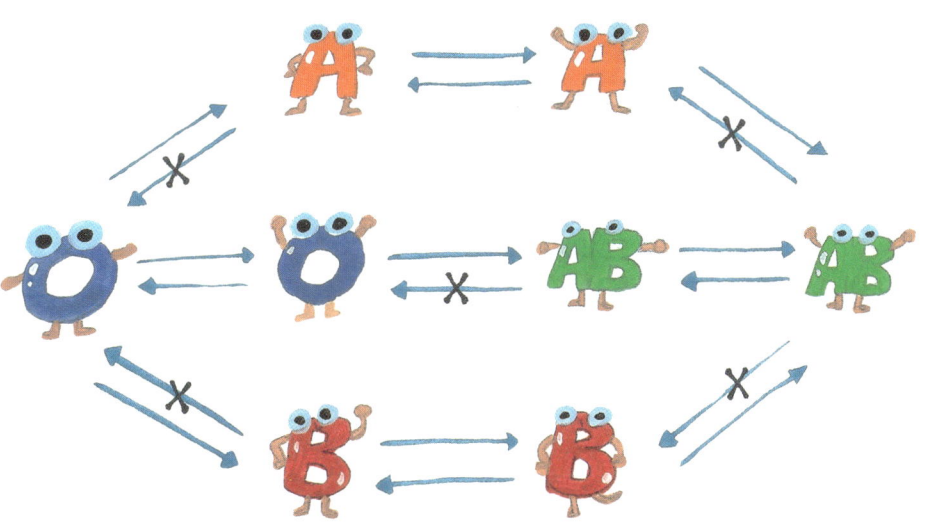

의사가 되려면 어떻게 해야 할까?

의사가 되고 싶다고 누구나 다 의사가 되는 것은 아니다. 의사가 되기 위해서는 의사 면허가 있어야 한다. 의사 면허를 받기 위해서는 '의사 국가 고시'라는 시험을 봐야 한다. 이 시험에 합격해야만 의사 면허를 받을 수 있다.

그런데 아무나 이 시험을 볼 수 있는 것이 아니다. 의사 국가 고시는 의과 대학을 졸업한 사람이나 졸업을 할 예정인 사람만 볼 수 있다. 따라서 의사가 되기 위해서는 의과 대학을 꼭 졸업해야 한다.

우리 나라 대학 중 의과 대학은 41개, 치과 대학은 11개 대학밖에 없다. 입학 정원도 의과 대학은 약 3100여 명, 치과 대학은 410명, 한의과 대학은 750명 정도밖에 되지 않는다. 따라서 의과 대학을 들어가는 것은 쉬운 일이 아니다.

최근에는 4년제 의학 전문 대학원이 생겨 일반 대학을 졸업하고 의학 전문 대학원에 갈 수도 있다. 의학 전문 대학원을 졸업하면 의사 국가 고시를 볼 수 있지만 의학 전문 대학원 역시 정원이 그리 많지 않다.

　예과 2년에 본과 4년인 6년제 의과 대학 과정이나 의학 전문 대학원 과정을 마치고 의사 국가 고시에 합격하면 의사 면허증이 나온다. 하지만 면허증이 있다고 해서 당장 병원을 열거나 환자를 치료할 수 있는 것은 아니다. 인턴 1년, 레지던트 4년(가정의학은 3년) 과정을 거쳐서 전문의가 되어야 한다. 인턴 과정을 마치면 내과, 일반 외과, 소아청소년과, 안과, 이비인후과, 피부과, 신경정신과, 정형외과 등 자신의 전공 분야를 정할 수 있다. 물론 인턴이나 레지던트 과정에서도 시험을 계속 봐야 한다.

　의사가 되기 위해서는 공부를 열심히 해야 한다. 의과 대학에 들어가는 것부터 전문의가 되는 것까지 공부를 잘 해야만 가능하기 때문이다. 그러나 무엇보다 중요한 것은 의사로서 지녀야 할 책임과 마음가짐을 갖는 일이다. 생명을 존중하는 마음과 인류를 위한 희생과 봉사 정신이 없으면 훌륭한 의사가 될 수 없다.

역사 속의 질병 1 - 한센병

신에게마저 버림받은 사람들

비참하게 살았던 한센병 환자들

문둥이나 문둥병이라는 말을 들어 본 적이 있니? 문둥병이라고 하는 그 병이 바로 한센병이야.

한센병은 오랫동안 문둥병이나 나병으로 불려 왔어. 1871년, 노르웨이의 의사 한센이 나병을 일으키는 병균인 나균을 발견한 뒤부터 한센의 이름을 따서 '한센병'이라고 부르지.

한센병은 피부와 손발이 썩어 들어가는 무서운 병이야. 오늘날에는 일찍 발견하여 치료하면 얼마든지 완치가 가능하지만, 옛날에는 치료가 불가능했어. 그래서 온몸이 썩어 들어가는 한센병 환자에 대한 혐오감이 대단했단다.

특히 중세 유럽에서 한센병 환자들은 더욱 심한 따돌림을 당했어. 성경에서 예수가 한센병을 낫게 하는 기적을 보여 주었음에도 불구하고 교회조차 한센병 환자를 신에게 버림받은 죄인으로 취급했지. 구약 성경에 한센병 환자들은 부정한 사람들이므로 마을에서 쫓아 내 따로 살게 해야 한다고 나와 있기 때문이야.

중세 시대 한센병 환자들은 다른 어떤 병에 걸린 사람들보다 비참한 생활을 해야 했어. 사람들은 한센병 환자 근처에 절대 가려고 하지 않았어. 가족들마저도 그들을 버렸지. 한센병 환자들은 사회로부터 쫓겨나 아무런 희망도, 의욕도 없이 더럽고 냄새나는 수용소에서 갇혀 지낼 수밖에 없었단다.

한센병 환자들은 정해진 날에만 시내로 들어가 구걸을 할 수 있었어. 시내로 들어갈 때에는 꼭 지켜야 할 것들이 있었지. 우선 멀리서도 한눈에 알아볼 수 있는 옷차림을 해야 했어.

중세 시대 한센병 환자들의 옷차림

- 검은색 천으로 된 외투를 입어야 한다.
- 높다랗게 솟은 모자를 써야 한다.
- 손에는 반드시 흰 장갑을 끼고 다녀야 한다.
- 검은 옷의 가슴 쪽에는 손 모양을 한 흰 천 조각을 붙여야 한다.
- 손에는 딸랑이나 피리를 들고, 사람들이 다가오면 딸랑이를 흔들거나 피리를 불어서 한센병 환자가 있다는 것을 알려야 한다.

이런 옷차림으로 딸랑이나 피리를 불고 다니면 사람들은 한센병 환자인지 금방 알아채고 피해 다녔지. 대부분의 도시와 나라에서는 한센병 환자가 지켜야 할 것들을 법으로 정해 놓았단다.

한센병 환자들이 지켜야 할 것들

- 교회에 들어가서는 절대 안 된다. 물건을 파는 가게에도 다른 사람이 있을 때에는 들어갈 수 없다.
- 가게에서 물건을 살 때 손으로 직접 만져서는 안 된다.
- 샘물에 손을 씻어서는 안 된다. 또, 물을 마실 때 다른 사람이 쓰는 컵이나 그릇을 쓸 수 없으며, 반드시 자기 그릇만 써야 한다.
- 바람이 불어오는 쪽에 서 있는 사람말고는 누구에게도 말을 해서는 안 된다.
- 다른 사람들과 함께 밥을 먹을 수 없다.
- 시내의 다리나 건물, 그리고 사람들을 만져서는 절대 안 된다.

정말 한센병 환자들은 살아도 산 게 아니었어. 그들은 하루하루 죽음을 기다리는 살아 있는 시체들과 같았지.

병은 병일 뿐이다

한센병에 걸린 사람을 죄인 취급했던 것은 상식적으로 이해할 수 없는 일이야. 병은 병일 뿐인데 말이야. 그렇다면 과학이 발달한 지금은 어떨까? 안타깝게도 아무 죄 없는 한센병 환자들을 쫓아 낸 것과 같은 일은 지금도 계속되고 있어. 대표적인 예가 바로 에이즈야.

에이즈는 HIV바이러스에 감염되어 생기는 병이야. 감염된 피나 성관계를 통해서 전염되지. 임신한 어머니에게서 태아에게 전염되기도 해.

HIV바이러스는 우리 몸에 들어와 병균과 싸우는 면역 세포들을 죽여 버려. 그래서 에이즈에 걸리면 결핵이나 폐렴 등 다른 병에 걸리기 쉽단다.

에이즈를 일으키는 바이러스가 발견되고 어떻게 전염되는지도 밝혀졌지만, 에이즈에 대한 헛소문은 끊이지 않았어.

"에이즈는 신의 뜻을 거역한 사람들을 벌하기 위해서 신이 내린 벌이다."

에이즈는 처음에, 주로 동성 연애를 하는 사람에게 많이 나타났어. 이런 이유로 신문이나 방송, 그리고 많은 사람들이 에이즈 환자를 죄인으로 몰아붙였지.

"에이즈 환자와 악수만 해도 에이즈가 옮는다."

　이런 소문까지 퍼져 아무도 에이즈 환자 곁에 가까이 가려고 하지 않았단다. 에이즈는 그 사람과 악수를 하거나 대화를 한다고 해서 옮는 병이 아닌데도 말이야. 먼 옛날 한센병 환자들에게 했던 것처럼 에이즈 환자들을 피하고 있는 거지.

　많은 사람들이 에이즈의 치료법과 백신을 만들어 내려고 애쓰고 있지만, 아직 성공하지 못했어. 그래서 수많은 환자들이 에이즈와 힘겨운 싸움을 계속하고 있어. **에이즈 환자들에게 필요한 건 바로 이해와 사랑, 그리고 도움의 손길**이란다.

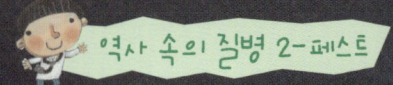
역사 속의 질병 2 - 페스트

중세 시대를 막 내리게 한 페스트

유럽 인구의 3분의 1을 죽였던 페스트

페스트는 인류 역사에 가장 큰 영향을 미친 질병이야. '흑사병'이라고도 불리는 페스트는 542년부터 수시로 유럽과 아시아에서 유행했어. 하지만 그 피해가 가장 컸던 때는 1347~1350년이었어. 겨우 4년 동안 유럽을 휩쓴 페스트로 약 3500만 명 정도가 죽었거든. 유럽 인구의 3분의 1이 죽은 거지. 그 밖에 중국에서는 약 1300만 명, 중앙아시아와 중동 지방에서는 약 2400만 명이 죽었어. 전세계적으로는 6000~7000만 명 정도가 페스트로 목숨을 잃었대. 이렇게 많은 사람들이 죽었다면 페스트가 얼마나 무서운 병인지 알겠지?

페스트가 휩쓸고 간 자리

페스트에 걸리면 온몸에 검은 색 반점이 생겨. 그리고 고열과 구토에 시달리며 피가 섞인 기침을 하다가 결국 죽게 돼.

페스트는 순식간에 다른 사람에게 옮겨 갔어. 페스트에 걸린 사람과 말을 하기만 해도 페스트에 걸렸단다. 페스트균은 환자가 재채기나 기침을 할 때, 또는 말을 할 때 공기 중으로 나와 다른 사람에게 옮겨 갔거든. 그리고 환자의 똥이나 오줌을 통해서도 페스트균이 퍼져 나갔어. 환자의 옷이나 물건을 만지기만 해도 페스트에 걸렸지.

그렇기 때문에 페스트 환자에게는 아무도 가까이 가려 하지 않았단다. 병든 사람을 위로하거나 돌보려고 하지도 않았어. 페스트에 걸린 사람은 가족과 친척에게도 버림받았어. 어머니가 자식을 버리고, 남편이 아내를 버리는 것이 당연하게 생각되었지.

날마다 많은 사람들이 죽어 갔고, 거리에는 시체 썩는 냄새가 진동했어. 얼마나 많은 사람들이 한꺼번에 죽었는지 시체를 묻을 땅도 없었단다. 그래서 커다란 구덩이를 파고 수백 명의 시체들을 관도 없이 한꺼번에 아무렇게나 묻어야 했어.

중세 시대를 막 내리게 한 페스트

"무조건 도망쳐야 해. 페스트를 이길 약은 그것뿐이라고."

사람들은 자기가 살던 곳을 떠나 무작정 도망치기 시작했어. 하지만 어디로 가든 마찬가지였어. 사람들이 몰려가는 곳에는 어김없이 페스트가 나타났으니까. 페스트가 휩쓸고 지나간 자리는 고통과 죽음밖에 남지 않았단다.

중세 시대 의사들의 페스트 치료법

사람들을 더 공포에 떨게 한 것은 페스트가 왜 생기는지, 어떻게 전염되는지, 치료법은 무엇인지 아무도 알지 못했다는 거야. 단지 오염된 공기가 페스트의 원인이 아닐까 짐작할 뿐이었지.

중세 시대 의사들은 페스트가 발생해도 환자를 치료할 생각을 하지 않았어. 자기가 죽을지도 모르는데 누가 환자를 돌보려고 하겠어. 하지만 어쩔 수 없이 환자를 돌봐야 할 때도 있었어. 그래서 의사들은 페스트로부터 자신들을 보호해 줄 옷을 개발했어. 의사들의 옷을 한번 볼래?

중세 시대 의사들의 페스트 예방 옷차림

- 병균이 들어오지 못하도록 온몸을 감싸는 가죽옷을 입었다.
- 얼굴에는 가면을 썼는데 가면에는 눈만 보였다.
- 코 부분에 쓴 부리에는 좋은 향기가 나는 약초가 가득 들어 있었다. 약초는 나쁜 냄새를 없애기 위한 것이었지만, 나쁜 기운을 막기 위한 수단이기도 했다.
- 긴 가죽 장갑을 끼고 막대를 들고 다녔다. 환자를 만지는 것조차 두려워했기 때문에 막대로 환자의 맥박을 쟀다.

 이런 옷을 입고 다닌다고 해서 의사들이 페스트에 걸리지 않았을까? 그렇지 않았어. 아무리 완벽하게 옷을 갖춰 입는다고 해도 의사들 역시 페스트에 걸렸으니까.

 여러 가지 예방법과 치료법도 생겨났어. 물론 전혀 맞지 않는 치료법이었지만 말이야.

중세 시대에 유행했던 페스트 치료법

1. 페스트는 개와 고양이 때문에 생기므로 개와 고양이를 모두 죽여야 한다. → 개와 고양이가 없어지자 페스트는 더 심해졌다.

2. 환자의 몸 속에 있는 나쁜 피를 빼내면 페스트를 치료할 수 있다. → 피를 뺀 사람들은 더 빨리 죽었다.

3. 금과 에메랄드를 갈아서 먹으면 페스트를 치료할 수 있다. → 값만 비쌌지 전혀 치료 효과가 없었다.

4. 목욕을 하면 땀구멍이 열려 병균이 침투하기 쉬워지므로 목욕을 해서는 안 된다. → 위생 상태가 나빠 더 쉽게 페스트에 걸렸다.

채찍질 교도와 죽음의 무도

페스트를 피하기 위한 노력이 아무 소용이 없자, 중세 유럽 사람들은 페스트를 신이 내린 벌이라고 생각했어. 그래서 등장한 것이 바로 채찍질 교도야.

채찍질 교도들은 옷을 벗고 자신의 몸을 채찍으로 때리면서 거리를 행진했어. 심지어는 채찍에 날카로운 쇳조각을 매달기도 했지. 온몸이 찢어지고 피가 뚝뚝 흘렀지만 채찍질을 멈추지 않았어. 신이 페스트라는 벌을 내리기 전에 스스로 자기 자신에게 벌을 주는 것이었어. 채찍질 교도들은 마을을 돌아다니면서 소리쳤어.

"페스트는 신이 우리에게 내린 벌이다. 우리의 죄를 고백하고 신에게 용서를 구해야 한다."

채찍질 교도의 숫자는 급속도로 많아져 수만 명에 이를 정도였단다. 어떻게든 죽음의 공포에서 벗어나고 싶었던 사람들이 스스로에게 채찍을 휘둘렀던 거야.

채찍질 교도와 비슷한 것이 있었는데, 그것은 바로 '죽음의 무도'였어. 페스트가 발생하면 마을 사람들은 모두 한 곳에 모여 미친 듯이 춤을 추었어. 죽음의 무도 역시 페스트의 두려움에서 벗어나기 위한 몸부림이었지. 이런 모습은 마치 먼 옛날에 질병을 치료하기 위해서 무당이 굿을 하는 것과 비슷했단다.

중세 시대를 막 내리게 한 페스트

페스트가 유행하면서 모든 것이 무너졌어. 페스트는 착한 사람이건 나쁜 사람이건, 어른이건 아이건 가리지 않고 죽였거든. 신의 사자라고 하는 교회의 성직자들도 페스트에 걸려서 죽어 가자, 사람들은 신과 교회에 대해 의심을 품기 시작했어.

"신이 정말 있을까? 신이 있다면 이렇게 무서운 병을 만들었겠어? 아무 죄 없는 어린아이들까지 모두 죽잖아. 페스트가 신이 내린 벌이라면 왜 죄 없는 사람들까지 죽이는 거야?"

사람들은 더 이상 교회의 권위와 명령을 따르려고 하지 않았어. 교회의 가르침이 페스트로부터 자신들을 지켜 줄 수 없다는 것을 몸으로 느꼈기 때문이었지. 1000년이 넘도록 유지되어 오던 교회에 대한 믿음이 흔들리기 시작한 거야. 결국 페스트 이후, 교회가 모든 것을 지배하던 중세 시대도 끝이 났단다.

페스트는 지금 어떻게 되었을까?

천 년이 넘는 시간 동안 아무도 페스트의 원인과 치료법을 밝혀 내지 못했어. 하지만 페스트의 원인과 치료법을 찾기 위한 노력은 계속되었지.

1894년, 드디어 수천만 명의 목숨을 빼앗아 간 페스트의 원인을 찾아 냈어. 알고 보니 페스트의 원인은 페스트균이라는 세균이었어. 페스트균은 원래 쥐나 벼룩의 몸 속에 사는 세균이야. 그런데 **페스트균에 감염된 쥐에게서 떨어져 나온 벼룩이 사람을 물어 사람도 페스트에 걸렸던 거지.** 조그만 벼룩 때문에 수천만 명이 죽었다는 것이 정말 어처구니없지 않니?

지금도 페스트균은 세계 곳곳을 떠돌아다니고 있어. 쥐와 같은 야생 동물들은 아직도 몸 속에 페스트균을 가지고 있거든. 하지만 예전처럼 수백만, 수천만 명이 속수무책으로 죽는 일은 없을 거야. 페스트를 치료할 수 있는 약이 만들어졌기 때문이지.

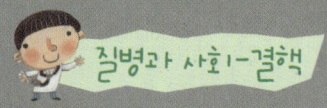

산업화가 가져온 재앙

산업 혁명의 시작

1760년대 제임스 와트가 증기 기관을 발명했어. 수증기의 힘으로 피스톤을 움직이는 증기 기관의 발명은 세상을 바꾸어 놓았단다. 증기 기관을 이용한 증기 기관차는 수십 마리의 말이 끄는 마차보다 무거운 짐을 훨씬 더 빨리 실어나를 수 있었어. 태어나서 평생 자기 고장에서만 살았던 사람들도 증기 기관차 덕에 먼 곳까지 쉽고 빠르게 이동할 수 있게 되었지.

곳곳에 공장들이 생겨나 증기 기관을 이용해서 기계를 돌렸어. 사람이 일일이 손으로 하던 일을 기계가 대신하게 된 거지. 기계는 사람보다 훨씬 빨리 일을 할 수 있었어. 사람의 손으로 물건을 만들던 시대가 끝이 난 거야.

기계의 발달은 공장을 운영하는 사람들에게 막대한 이익을 안겨 주었어. 그래서 돈 있는 사람들은 너도나도 공장을 짓기 시작했지.

"힘들게 농사를 짓는 것보다 공장에 들어가 월급을 받는 편이 낫겠어."

농사를 짓던 사람들은 도시로 몰려와 공장에서 일했어. **기계는 농업 중심의 사회를 공업 중심의 사회로 변화시켰는데, 이것을 '산업 혁명'이라고 한단다.**

산업 혁명의 그늘

산업 혁명으로 공장의 수는 엄청나게 늘어났고 값싼 물건들이 한꺼번에 쏟아져 나왔어. 돈을 많이 번 자본가들은 더 큰 공장을 짓고 더 좋은 기계를 사들였어.

그렇다면 공장에서 일하는 노동자들은 기계가 일을 하니까 전보다 편해졌을까? 전혀 그렇지 않았어. 기계의 발달로 노동자들은 더욱 힘겹고 지겨운 노동을 해야 했어. 사람이 기계를 움직이기보다는 기계가 사람을 움직이게 되었거든.

이게 무슨 말이냐고? 기계는 사람과 달리 계속해서 일을 할 수 있어. 밤새도록 일해도 지치지 않았으니까. 사람들은 기계가 돌아가는 속도에 맞춰서 쉬지 않고 일을 해야 했지. 따라서 노동자들이 일하는 시간은 갈수록 늘어만 갔어. 하루에 12~13시간을 쉬지도 못하고 일을 해야 했지.

시간이 갈수록 더 큰 문제들이 생겨났어. 노동자들이 공장에서 하나 둘 쫓겨나야 했던 거야. 예전에는 10명이 해야 할 일을 기계가 좋아지면서 한 명이면 되었거든.

공장에서 쫓겨난 노동자들이 많았기 때문에 자본가들은 아주 싼값에 노동자들을 구할 수가 있었어. 하지만 자본가들은 이것마저도 아까웠어. 그래서 남자 대신 여자나 아이들을 일꾼으로 썼어. 여자나 아이들은 어른 남자보다 돈을 훨씬 적게 주어도 되었거든.

산업 혁명으로 부자는 더욱 부자가 되었고, 가난한 사람은 더욱 가난해졌단다.

산업 혁명 이후에 만들어진 영국 빈민가 모습이에요.

　도시 곳곳에는 가난한 노동자들이 모여 사는 빈민가가 생겨났어. 빈민가는 차마 눈뜨고 볼 수 없을 정도로 처참했어. 골목마다 가축우리 같은 집들이 다닥다닥 모여 있었고, 오물과 쓰레기 들이 쌓여 썩는 냄새가 진동을 했지. 그리고 주변에 있는 공장 굴뚝에서는 끊임없이 시꺼먼 매연이 뿜어져 나왔단다.
　노동자들이 일하는 공장 역시 형편 없는 환경이었어. 공장 안은 환기가 되지 않아 늘 공기가 탁했고, 먼지와 기름 냄새로 가득 차 있었어. 기계에서 나오는 열로 푹푹 찌는 듯이 더웠고, 시끄러운 기계 소리는 온 신경을 마비시킬 정도였지. 이런 곳에서 열두 살밖에 안 된 아이들과 아기를 가진 여자들이 하루에 13시간씩 일을 해야 했단다.

산업화가 가져온 재앙

산업화가 낳은 질병, 결핵

산업 혁명 이후 달라진 사회 환경은 여러 가지 질병을 만들어 냈어. 그 중 가장 대표적인 것이 바로 결핵이란다.

결핵은 결핵균에 감염되어 생기는 병이야. 결핵균이 침범한 장기에 따라 증세가 여러 가지로 나타나는데, 가장 많은 것이 폐결핵이지. 폐결핵은 초기에는 특별한 증상이 나타나지 않기 때문에 병에 걸렸다는 사실을 모르는 경우가 많아. 하지만 제때 치료하지 않으면 서서히 악화되어 결국 죽게 된단다.

콜록콜록.

폐결핵 증상

1. 감기와 비슷하게 열과 식은땀이 나며, 밥맛이 없고 쉽게 피곤해진다.
2. 기침이 자주 나오며, 가슴이 아프고 숨쉬기도 어렵다.
3. 가래의 양이 점차 많아진다. 가래의 색깔은 처음에는 맑다가 차차 누렇게 변한다.
4. 가래에 피가 섞여 나오는 경우도 있다. 피는 가는 실처럼 섞이기도 하고 덩어리로 나오기도 한다.

결핵이 산업 혁명 이후에 처음 생겨난 건 아니야. 약 7000년 전 선사 시대 사람의 뼈에서도 결핵의 흔적이 발견될 정도로 오래 된 질병이지. 하지만 결핵이 커다란 사회 문제가 된 것은 산업 혁명 이후란다. 결핵이 산업 혁명 이후 생겨난 가난한 도시 노동자들을 덮쳐 수백만 명이 목숨을 잃었기 때문이야. 오염된 공기와 질식할 것만 같은 공장, 그리고 가축우리같이 비위생적인 집에 사는 노동자들은 결핵균에 쉽게 감염되었어. 가난한 노동자들은 영양 상태도 좋지 않았기 때문에 결핵균을 이길 힘도 없었단다.

유럽뿐만 아니라 세계 어디에서든 공장이 늘어나고 **빠르게 산업화가 되어 가는 과정에 결핵이 많이 나타났어.** 우리나라에서도 많은 공장들이 생기던 1970년대에 결핵이 유행처럼 번졌지.

결핵은 1943년 왁스먼에 의해 치료제인 스트렙토마이신이 발견된 후 사망률이 크게 떨어졌지만, 아직도 완전히 없애지는 못했단다.

 질병과 위생 - 콜레라

질병의 또다른 원인들

지저분한 병

콜레라는 결핵과 함께 19세기에 전세계적으로 유행하면서 많은 사람들의 목숨을 앗아 간 전염병이야. 콜레라균에 감염되어 생기는 병인데, 위생이 나쁜 곳, 특히 오염된 물이나 음식을 먹었을 때 걸리기 쉬워. 콜레라균은 소금기가 조금 있는 바다 가까운 강가에 사는 조개나 생선에도 많이 있어. 그래서 **콜레라가 유행할 때는 날음식을 먹지 말고 물은 반드시 끓여 먹어야 한단다.**

콜레라에 걸리면 어떻게 되느냐고? 콜레라는 그리스 어로 '설사'라는 뜻이야. 이름만 들어도 어떻게 되는지 대충 짐작이 가지? 콜레라균이 뿜어 낸 독이 장에 이상을 일으켜 뭔가 먹기만 하면 토하고 끊임없이 설사를 하게 돼. 24시간 안에 약 15~20ℓ 라는 어마어마한 양의 설사를 하게 된다고 해.

엉뚱한 콜레라 치료법들

콜레라에 걸리면 계속되는 설사로 몸 안의 수분이 빠져 나가 죽을 수도 있어. 치료하지 않을 경우 환자의 25~50% 정도가 죽게 된다고 해. 지금은 치료법이 개발되어 적절한 치료를 하기만 하면 거의 나을 수가 있어. 하지만 예전에는 달랐어. 치료법은 물론 콜레라가 왜 생기는지조차 몰랐거든. 그래서 콜레라가 유행할 때마다 사용되던 치료법 중에는 엉뚱한 것들이 많았단다.

1800년대 유럽의 의사들은 몸 안에 피가 너무 많아서 콜레라에 걸린다고 생각했어. 그래서 콜레라를 치료하기 위해 환자의 피를 뽑기도 했어. 콜레라 환자는 점점 말라 죽어 가고 있는데 피를 뽑는다니! 그건 환자를 더 빨리 죽이는 방법일 뿐이었어. 그런데도 그런 처방은 오랫동안 계속되었단다.

그뿐 아니라 여러 가지 민간 요법도 유행했어. 홍차나 겨자를 먹으면 치료가 된다고 해서 사람들은 차나 겨자를 물에 타서 마시기도 했지. 하지만 별 효과는 없었어.

설탕과 소금으로 만든 콜레라 치료제

옛날부터 세계 곳곳에서는 콜레라를 치료하는 민간 요법들이 유행했다. 그 가운데는 꽤 효과적인 것도 있었다. 1960년대 인도에서 유행했던 민간 요법은 수천 명의 콜레라 환자를 살려 냈다. 바로 설탕과 소금을 뜨거운 물에 타서 마시는 것이었다.

설탕과 소금물로 콜레라를 치료한다? 이상하게 들릴지 모르지만 이것은 분명 효과가 있었다. 설탕과 소금은 설사로 빠져 나간 당분과 염분을 보충해 주었고, 뜨거운 물은 몸 안에 있는 콜레라균을 죽이는 역할을 했기 때문이다.

콜레라균을 찾아 내다

1800년대 후반은 파스퇴르와 코흐로 대표되는 세균학자들의 전성기였어. 그들은 질병이 세균 때문에 일어난다고 주장하고 질병을 일으키는 세균들을 하나하나 찾아 냈어. 그 무렵 전세계적으로 유행했던 콜레라균을 찾기 위해 파스퇴르와 코흐가 경쟁한 것은 당연한 일이었지. 두 사람 가운데 콜레라균을 먼저 찾아 낸 것은 코흐였단다.

코흐는 콜레라균을 찾기 위해 콜레라가 유행하는 곳을 직접 돌아다녔어. 이집트나 아프리카는 물론 멀리 인도까지 콜레라가 유행하는 곳이라면 어디든지 갔지.

코흐는 콜레라 환자들이 마신 물을 조사했어. 그뿐만이 아니야. 콜레라 환자의 설사나 죽은 환자의 몸 속까지 샅샅이 조사했지. 그리고 마침내 콜레라를 일으키는 세균인 콜레라균을 찾아 냈단다.

콜레라균을 마셔 버린 사람

콜레라균이 발견되자 콜레라를 일으키는 원인이 명확히 밝혀졌어. 그런데도 세균이 병을 일으킨다는 사실을 믿지 않으려 했던 사람들이 있었어. 대표적인 사람이 19세기 독일의 위생학자 페텐코퍼였어.

"오직 세균만이 질병을 일으킨다는 것은 말도 안 된다."

페텐코퍼는 자신의 주장을 증명하기 위해 콜레라 환자의 설사에서 찾아 낸 콜레라균을 직접 삼켜 버렸어. 다행히 페텐코퍼는 약간의 설사만 했을 뿐 콜레라에 걸리지는 않았지.

그런데 왜 페텐코퍼는 이런 무모한 행동을 했을까?

페텐코퍼는 **가난, 무지, 비위생적인 환경 등 다양한 사회적 조건들이 질병을 일으킨다**고 생각했던 사람이야. 그래서 **위생과 환경 등을 바꾸는 전 사회적인 노력이 필요**하다고 주장했지. 그렇기 때문에 사회적 조건은 무시하고 오직 세균 때문에 질병에 걸린다고 말하는 세균학자들이 마음에 들지 않았던 거야.

"질병이란 어느 한 가지 이유 때문에 생기는 것이 아니라 여러 가지 이유가 합쳐져서 생겨나는 것이다."

페텐코퍼는 이것을 이야기하고 싶었던 거지.

사실 페텐코퍼의 말은 맞는 말이었어. 산업 혁명 이후에 나빠진 위생과 가난한 사람들의 비참한 생활이 결핵이나 콜레라를 유행시켰으니까 말이야.

환경 오염이 병을 만든다

건강을 위협하는 환경병

과학과 산업이 발달하면서 사람들의 생활은 편리해졌지만 환경 오염은 갈수록 심각해지고 있어. 우리가 숨쉬는 공기, 먹는 음식, 마시는 물에 여러 가지 해로운 물질이 많아져 건강을 크게 위협하고 있기 때문이야. **환경 오염 때문에 생기는 병을 '환경병'** 이라고 해.

환경병은 오랜 기간에 걸쳐서 천천히 나타나. 매연을 마셨다고 해서 금방 병에 걸리지는 않잖아. 하지만 오랫동안 오염된 공기를 마시면 오염 물질이 몸 안에 쌓여서 언젠가는 큰 병을 일으키게 돼. 물이나 음식도 마찬가지지.

환경 오염으로 암이나 폐렴, 중금속 중독 같은 끔찍한 질병이 갈수록 늘어나고 있어. 그뿐만 아니라, 우리 생활 속에서도 다양한 질병들이 나타나고 있단다.

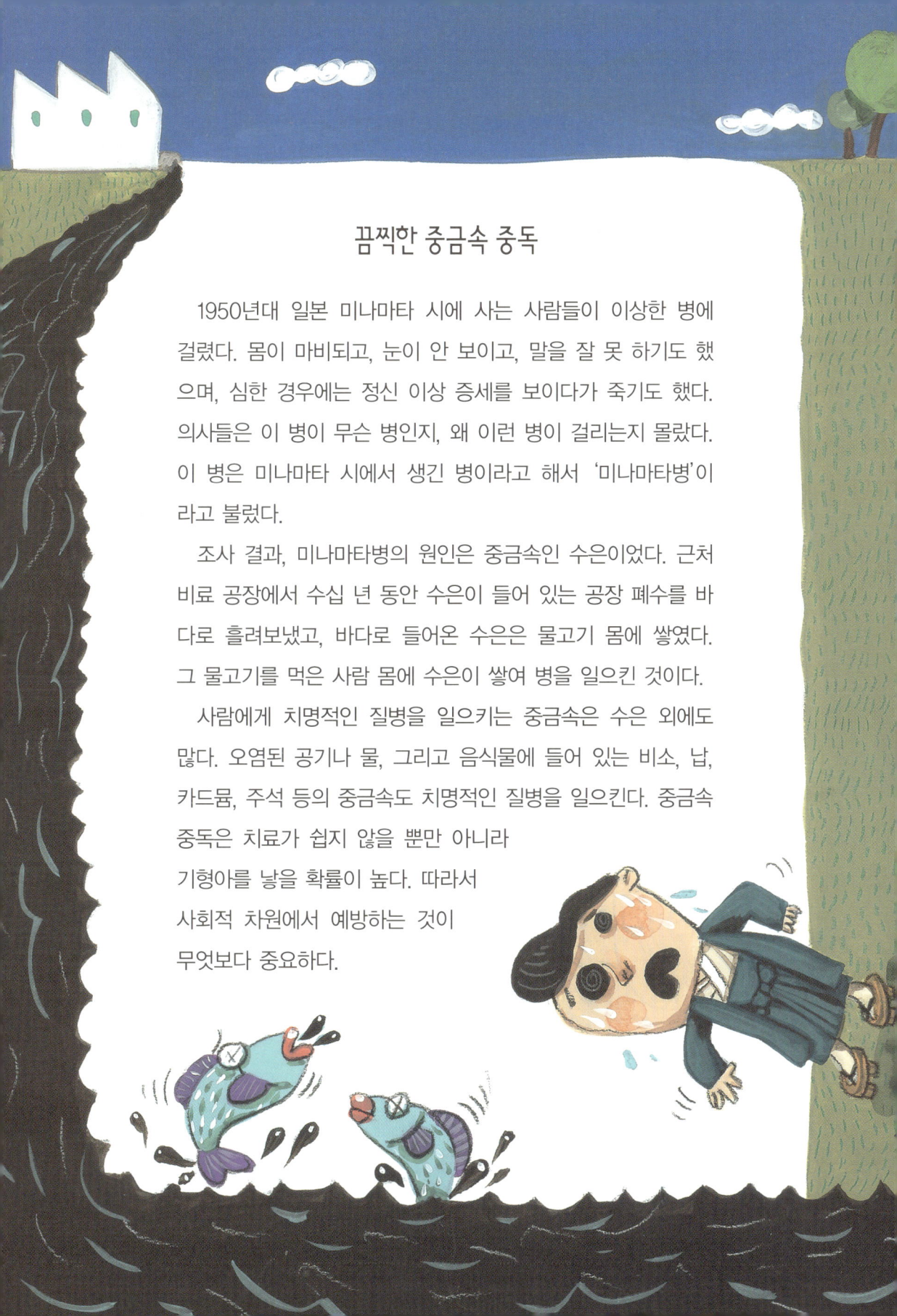

끔찍한 중금속 중독

1950년대 일본 미나마타 시에 사는 사람들이 이상한 병에 걸렸다. 몸이 마비되고, 눈이 안 보이고, 말을 잘 못 하기도 했으며, 심한 경우에는 정신 이상 증세를 보이다가 죽기도 했다. 의사들은 이 병이 무슨 병인지, 왜 이런 병이 걸리는지 몰랐다. 이 병은 미나마타 시에서 생긴 병이라고 해서 '미나마타병'이라고 불렀다.

조사 결과, 미나마타병의 원인은 중금속인 수은이었다. 근처 비료 공장에서 수십 년 동안 수은이 들어 있는 공장 폐수를 바다로 흘려보냈고, 바다로 들어온 수은은 물고기 몸에 쌓였다. 그 물고기를 먹은 사람 몸에 수은이 쌓여 병을 일으킨 것이다.

사람에게 치명적인 질병을 일으키는 중금속은 수은 외에도 많다. 오염된 공기나 물, 그리고 음식물에 들어 있는 비소, 납, 카드뮴, 주석 등의 중금속도 치명적인 질병을 일으킨다. 중금속 중독은 치료가 쉽지 않을 뿐만 아니라 기형아를 낳을 확률이 높다. 따라서 사회적 차원에서 예방하는 것이 무엇보다 중요하다.

우리를 공격하는 환경호르몬과 새집증후군

환경호르몬이란 말을 들어 봤을 거야. 환경호르몬이란 남자의 정자 수를 줄어들게 하고 태어날 아이를 기형으로 만들며, 암과 같은 치명적인 질병을 일으키는 화학 물질을 말해. 환경호르몬은 우리가 일상 생활에서 자주 쓰는 물건에서도 나오고 있어. 플라스틱이나 스티로폼으로 만든 용기, 알루미늄 음료수 캔, 음식을 싸는 랩이나 비닐 등은 환경호르몬을 내뿜고 있어. 그래서 될 수 있으면 플라스틱이나 비닐 등의 사용을 줄이는 것이 좋아.

이뿐 아니라 집에서도 우리 몸에 해로운 물질들이 나와. 옛날에는 집을 나무나 흙으로 지었지만 요즘은 시멘트를 비롯한 많은 화학 재료들을 이용해 지어. 그래서 새로 지은 집에는 몸에 해로운 화학 물질이 가득해. 조사에 따르면 집 안 공기에는 1000여 가지의 화학 물질이 발견되었는데, 새로 집을 지은 뒤 4~5년이 지나도 완전히 없어지지 않았다고 해. 이렇게 공기가 오염된 집 안에서 생활하다 보면 기침을 자주 하거나 머리가 아프

고 쉽게 피곤해져. 또 이유를 알 수 없는 알레르기성 질환과 아토피성 피부염, 두드러기, 천식 등이 심해질 수 있어.

이 같은 새집증후군을 막기 위해서는 벽지나 바닥재, 가구, 페인트 등을 나쁜 물질을 내뿜지 않는 친환경적인 소재로 바꾸는 것이 좋아. 그리고 환기를 자주 시켜 주는 것도 중요하단다.

대표적인 환경병, 아토피성 피부염과 천식

참을 수 없이 가렵고 피부가 짓무르는 아토피성 피부염은 대표적인 환경병이야. 최근 어린이들 사이에서 급격히 늘고 있는데, 아토피성 피부염은 나이가 들면서 알레르기성 비염이나 천식으로 발전할 가능성이 높아.

아토피성 피부염이나 천식의 원인은 아직 뚜렷하게 밝혀지지 않았어. 하지만 **단순히 유전적인 원인뿐만 아니라 먹거리와 생활 습관, 주변 공기 등 다양한 환경적 이유 때문에 생기는 것**이라고 해.

실제로 대도시에 사는 사람이 농촌에 사는 사람보다 아토피성 피부염이나 천식에 더 많이 걸린다고 해. 각종 오염 물질에 노출되기 때문에 백혈구가 적어지고 면역력이 약해져 알레르기 질환에 걸리기 쉽기 때문이야. 게다가 아파트와 같이 단열이 잘 된 곳은 아토피성 피부염의 가장 큰 원인으로 알려져 있는 집먼지진드기가 살기에 알맞아. 결국 아토피성 피부염이나 천식을 치료하기 위해서는 주변 환경을 바꾸는 것이 중요하단다.

사람의 욕심이 만들어 낸 광우병

소는 원래 풀을 먹고 자라는 동물이야. 그런데 유럽과 미국 등지에서는 소를 좀더 빨리 키우고 싶어 풀 대신 죽은 소의 내장이나 고기를 갈아서 소에게 주었어.

그런데 얼마 지나지 않아 문제가 생겼어. 소가 미친 듯이 펄쩍펄쩍 뛰더니 제대로 서지도 못하고 푹 쓰러졌어. 그리고는 곧 죽어 버렸지. 광우병에 걸린 거야. 광우병은 소가 미친 듯이 뛴다고 해서 붙여진 이름이야.

그런데 문제는 여기서 끝난 것이 아니었어. 쇠고기를 먹은 사람들도 이유 없이 우울해지고 정신이 이상해지더니 갑자기 죽어 버렸어. 광우병이 사람에게 옮겨 온 거야. 사람에게 옮겨 온 광우병은 치료할 방법이 없어. 그래서 전세계가 광우병의 불안에 떨고 있단다.

광우병은 풀을 먹고 자라야 할 소에게 고기를 주어서 생긴 병이야. 인간의 욕심이 인간을 죽이는 끔찍한 질병을 만들어 낸 거지.

광우병처럼 걱정되는 먹거리가 유전자 변형 식품이야. 유전 공학의 발달로 과학자들은 곡식이나 채소의 유전자를 변형시켜 병충해에 강하고 수확을 많이 할 수 있게 만들었어. 보통 옥수수보다 몇 배나 큰 옥수수, 병에 걸리지 않도록 만든 콩 등 세계적으로 50여 종의 유전자 변형 식품이 팔리고 있어.

그런데 문제는 유전자 변형 식품을 오랫동안 먹어도 안전한지 분명히 알 수 없다는 점이야. 광우병처럼 사람에게 치명적인 위협이 될 수 있을지도 몰라. 그뿐만 아니라 **유전자 변형 식품은 생태계를 파괴하는 등 환경 재앙을 불러일으킬 수 있는 위험을 안고 있단다.**

인류애를 실천한 의사들

의사는 많은 돈을 벌고 편안한 생활을 누릴 수 있는 직업이다. 하지만 편안하고 안락한 생활을 버리고 가난하고 병든 사람들을 위해 평생을 헌신한 의사들이 있다.

철학 박사이자 신학 박사였던 슈바이처는 대학에서 학생들을 가르치며, 목사로서 사람들에게 인정받고 있었다. 오르간 연주자로 이름을 날리기도 했다. 그런 슈바이처가 서른이라는 늦은 나이에 의학을 공부하기 시작했다. 의료 혜택을 받지 못하는 가난한 아프리카 사람들에게 봉사하기 위해서였다.

슈바이처는 아프리카 밀림에 병원을 열고 병든 사람들을 보살폈다. 돈이 바닥나 약을 살 수 없을 때면, 유럽 여러 나라를 돌면서 연주회나 강연회를 열어 병원을 운영할 돈을 모았다.

이렇게 평생을 아프리카 사람들을 위해 몸바친 슈바이처는 다음과 같이 말했다.

"나 자신이 소중하듯이 살아 있는 모든 것을 소중하게 생각해야 합

니다. 이것은 인류가 앞으로 계속 살아가기 위해서 가장 소중한 것입니다. 모두가 행복해지기 바라며 노력할 때 사회 전체는 밝은 미래를 맞이할 수 있을 것입니다."

이 밖에도 질병으로 고통받는 사람들을 위해 헌신적으로 일했던 의사들이 많다. 우리 나라의 장기려 박사는 6·25 전쟁 이후 모든 것을 잃고 가난하게 사는 사람들을 무료로 치료해 주었다. "의사를 한 번도 못 보고 죽어 가는 가난한 사람들을 위해 의사가 되었다."는 장기려 박사는 오직 가난한 사람들을 돌보는 일에 평생을 바쳤다. 그리고 캐나다 사람이었지만 일본의 침략에 맞서 싸우는 중국인들을 위해 온몸을 바쳤던 노먼 베쑨도 국경을 뛰어넘어 인류애를 실천한 의사로 꼽힌다.

지금도 국경 없는 의사회나 쿠바 의사들처럼 뜻있는 의사들이 세계 곳곳에서 전쟁과 질병에 시달리는 사람들을 위해 일하고 있다.

돌연변이 세포가
일으키는 무서운 질병

현대에 가장 무서운 질병인 암

위암이니, 폐암이니, 간암이니 하는 말을 많이 들어 봤을 거야. 암세포가 위에 생기는 것이 위암이고, 폐에 생기는 것이 폐암이야. 그리고 백혈병도 혈액에 생기는 암의 한 종류지.

암은 현재 가장 무서운 병으로 생각되는 병이야. 우리 나라에서 질병으로 죽는 사람들 가운데 암으로 죽는 사람이 30%가 넘거든. 암으로 죽는 사람이 이렇게 많은 이유는 아직까지도 암을 완전히 낫게 할 수 있는 뚜렷한 방법이 없기 때문이야.

왜 암이 완전히 정복되지 않는 걸까? 그 이유는 암이 생기는 원인을 정확히 알 수 없기 때문이야. 암을 일으키는 세균을 안다면 그 세균을 없애면 되겠지. 하지만 암이 세균이나 바이러스 때문에 생기는지, 아니면 다른 이유 때문에 생기는지조차도 정확히 알려져 있지 않단다.

엉뚱하게 노벨상을 받은 사람

"암이 생기는 이유는 기생충 때문이다."

이 말이 사실이라면 기생충 약만 잘 먹으면 아무도 암에 걸리지 않을 것이다. 그런데 이런 말도 안 되는 주장을 해서 노벨상을 받은 사람이 있다. 1926년에 노벨 생리·의학상을 받은 덴마크의 생리학자 피비게르가 그 주인공이다.

피비게르는 암과 기생충의 관계를 밝히기 위해 기생충을 생쥐에게 먹이는 실험을 했다. 그런데 생쥐 몇 마리에서 위암이 발견되었다. 피비게르가 실험 결과를 논문으로 발표하자 사람들은 깜짝 놀랐다. 피비게르는 최초로 암의 원인을 밝혀 낸 공로를 인정받아 노벨상까지 받게 되었다.

그 뒤 많은 학자들이 기생충으로 실험을 해 보았지만 쥐들은 암에 걸리지 않았다. 결국 피비게르는 우연한 실험 결과로 노벨상을 받은 사람이 되었고, 이것은 노벨상 역사상 가장 큰 실수 중 하나로 알려져 있다.

하지만 피비게르의 연구가 아무런 공헌을 하지 않은 것은 아니다. 피비게르의 연구를 통해서 암에 대한 관심과 연구가 한층 더 활발해졌다. 그리고 현재 기생충이 일부 암과 관계가 있다는 이론들도 나오고 있어서 피비게르의 주장이 무조건 틀렸다고만 할 수도 없다.

암은 세포에 이상이 생겨서 생기는 병이다

사람의 몸은 수많은 세포로 이루어져 있어. 뼈를 이루고 있는 것도 세포이고, 근육과 뇌도 세포로 되어 있어. **세포란 사람을 비롯한 생물체의 몸을 이루고 있는 가장 작은 단위란다.**

세포를 영어로는 셀(cell)이라고 하는데, 셀은 '작은 방'이라는 뜻이야. 세포를 살펴보면 작은 방 안에 핵을 비롯한 여러 가지 기관들이 들어 있는 것을 볼 수 있어.

사람은 처음에 정자와 난자라는 세포가 만나서 만들어져. 정자를 만난 난자는 2개, 4개, 8개, 16개로 계속 분열을 해. 이렇게 세포가 분열하면서 엄마 뱃속에서 아이의 모습이 되는 거지. 우리 몸은 100조 개에 가까운 세포로 이루어져 있단다.

우리 몸에 있는 세포들은 모두 똑같이 생긴 게 아니야. 공 모양, 실 모양, 통 모양, 그리고 모양이 일정하지 않은 것 등 여러 가지가 있어. 생김새가 다르듯이 세포가 하는 일도 각각 달라. 뇌세포는 생각을 하게 하고, 핏속에 있는 세포인 백혈구는 세균을 잡아먹는 역할

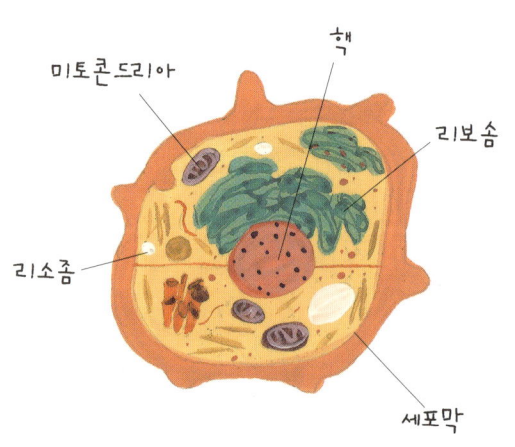

을 하지. 뼈를 이루는 세포, 근육을 이루는 세포 등 모든 세포들의 역할이 다르단다.

세포는 하나의 살아 있는 생명체와 같아. 끊임없이 태어나고 할 일을 마치고 죽는단다. 그리고 서로 연락을 하며 도움을 주고받기도 해. 이러한 세포들의 활동으로 우리는 생각을 하고 말을 하고 몸을 움직일 수 있는 거야.

암은 바로 이 세포에 이상이 생겨서 생기는 병이야. **이상이 생긴 세포를 '암세포'라고 한단다.**

암세포의 특징

암세포는 정상 세포와는 다른 특징을 가지고 있어. 정상 세포들은 자신이 있어야 할 곳과 해야 할 일들을 알고 있지만 암세포는 그렇지 않아. 암세포의 특징을 한번 살펴볼까? 그러면 왜 암이 무서운 질병인지 알게 될 거야.

1. 세포의 핵이 아주 크다.

정상 세포의 핵은 세포 전체의 6분의 1 정도지만, 암세포의 핵은 전체의 반을 차지할 정도로 커. 그리고 암세포들은 생김새가 모두 제각각이란다. 엄청나게 큰 것도 있고, 아주 작은 것도 있어.

2. 매우 빠르게 분열한다.

정상 세포들은 일정한 수가 되면 더 이상 수를 늘리지 않아. 하지만 암세포는 그칠 줄 모르고 세포 분열을 해. 그래서 순식간에 수천, 수만 개의 암세포 덩어리를 만들지. 이 덩어리를 '종양'이라고 하는데, 종양이 생기면서 주변에 있는 세포와 조직들을 파괴해 버린단다.

3. 몸 속 이곳 저곳을 마음대로 돌아다닌다.

정상 세포는 한 자리에서 움직이지 않고 자신의 역할을 해. 하지만 암세포는 몸 속 곳곳으로 돌아다닐 수가 있어. 암이 무서운 이유는 이 때문이야. 위암에 걸렸을 때 위에 있는 암세포만 제거하면 금방 병이 낫겠지. 하지만 시간이 지나면 위에 있던 암세포들이 곳곳에 퍼져 온몸에 암을 퍼뜨려. 그래서 암을 치료하기가 어려운 거란다.

현재 쓰이고 있는 암 치료법은 세 가지 정도야. 수술로 암세포 덩어리인 종양을 제거하거나 방사선을 쏘아 암세포가 늘어나는 것을 막아. 또, 아주 강력한 약을 먹어 암세포를 죽일 수도 있어.

이런 치료들은 환자에게 매우 큰 고통을 준단다. 암 치료에 쓰이는 약들은 암세포만 죽이는 게 아니라 정상 세포들도 죽이기 때문이야. 그래서 암 환자들은 치료 중에 끊임없이 토하거나 머리카락이 빠지기도 해. 머지않아 이 무시무시한 암을 정복할 수 있다고 하니 정말 다행이야.

새롭게 다가오는 공포

감기와 독감은 어떻게 다를까?

감기는 요즘 병으로 생각하지도 않는 흔한 질병이지. 보통 사람은 누구나 한두 번쯤은 감기에 걸리니까 말이야. 그럼 독감은 어때? 독감은 좀더 지독한 감기, 혹은 감기가 심해지면 독감이 된다고 생각하기 쉬워. 하지만 감기와 독감은 그 원인과 증상이 서로 달라.

감기는 50여 종이 넘는 바이러스 때문에 생겨. 하지만 **독감은 인플루엔자 바이러스라는 특정 바이러스에 의해서 생기지.** 그래서 감기 예방 주사는 없어도 독감 예방 주사는 있는 거야.

감기에 걸리면 기침, 콧물, 열, 근육통, 목의 통증 등 다양한 증상이 나타나. 대개 3~4일 계속되며 간혹 10일 이상 가기도 하지.

하지만 독감은 기침, 콧물, 오한, 근육통, 두통, 눈이나 목의 통증이 감기보다 심해. 39℃ 이상의 높은 열이 3~5일 계속되기도 해. 회복된 뒤에도 피곤함이나 기침이 3주 동안 계속될 수도 있단다.

2500만 명 이상을 죽인 스페인 독감

전염병이라고 하면 페스트, 결핵, 콜레라와 같은 무시무시한 증상을 가진 질병이 떠오를 거야. 그에 반해 독감은 겨울철이면 흔히 걸리는 병이라고 생각하기 쉬워. 독감에 걸려도 한 일 주일 정도 고생하면 대부분 나을 수 있으니까.

1800년대까지 독감은 그렇게 큰 문제가 되는 병은 아니었어. 독감으로 목숨을 잃는 사람들은 주로 노인이나 어린 아이들이었기 때문이야. 의학이 발달하지 않았던 당시, 노인이나 어린 아이들은 독감이 아니더라도 죽는 경우가 많았거든. 그리고 당시에 유행했던 천연두, 페스트, 결핵, 콜레라 등의 전염병에 비하면 독감은 그리 큰 병이 아니었어.

하지만 1918년에는 달랐어. 그 동안 독감을 대수롭지 않게 생각했던 사람들을 비웃기라도 하듯이 수만 명 이상을 죽이는 살인적인 슈퍼 독감이 전세계를 휩쓸었단다.

1918년, 제1차 세계 대전이 막바지에 접어들 때였어. 유럽에는 전쟁에 참여한 여러 나라의 수많은 군인들이 모여 있었지. 그런데 프랑스에 주둔하던 미군 부대에서 독감이 발생했어. 이 독감은 다른 독감들과 달리 전염력이 매우 강했어. 한 명의 환자가 생기면 순식간에 수백, 수천 명이 독감에 걸렸어. 이 독감은 건강한 젊은 군인들 사이에서 빠르게 번져 나갔기 때문에 마치 전쟁을 하는 군인들만 골라서 공격하는 것 같았지.

이것이 바로 '스페인 독감'이야. 스페인 독감은 전 유럽뿐만 아니라 미국과 아시아까지도 번져 갔단다.

1918년과 1919년까지 두 해 동안 세계 곳곳에서 스페인 독감으로 죽은 사람들이 넘쳐났어. 미국에서 50만 명, 영국에서 20만 명, 그리고 인도에서는 무려 1000만 명 이상이 독감으로 죽었어. 마치 14세기 페스트의 피해를 보는 것 같았지. 스페인 독감은 2000만~5000만 명이 넘는 사람을 죽였어. 제1차 세계 대전 동안 총과 포탄에 맞아 죽은 사람의 숫자보다 몇 배나 많은 숫자였지.

스페인 독감은 사람들에게 커다란 충격이었어. 스페인 독감이 유행하기 바로 직전, 사람들은 질병과의 싸움에서 승리했다고 자부하고 있었거든. 세균학의 발달로 결핵, 콜레라, 천연두 등 끔찍한 질병의 치료법을 찾았기 때문이었지. 이렇게 들떠 있던 때에 독감이 나타나 찬물을 끼얹은 셈이야. 정말이지 사람들의 충격은 상상 그 이상이었단다.

독감으로 목숨을 잃는 까닭은?

독감에 걸리면 몸이 무척 허약해진다. 그래서 세균들이 몸 안으로 쉽게 들어올 수 있다. 사람의 몸 안으로 들어온 세균들은 폐렴 등의 여러 가지 질병을 일으킨다. 독감으로 죽은 사람들 대부분은 폐렴 등의 합병증으로 죽었다.

새롭게 다가오는 공포, 슈퍼 독감

1957년, 전세계는 다시 한 번 슈퍼 독감의 공포에 떨어야 했어. 중국에서 시작한 아시아 독감이 순식간에 전세계에 유행했기 때문이었지. 아시아 독감은 스페인 독감만큼 많은 사람을 죽이지는 않았지만, 100만 명 이상의 사람이 아시아 독감으로 목숨을 잃었어.

아시아 독감의 전염 속도는 스페인 독감보다 훨씬 빨랐어. 1957년 2월부터 11월까지 겨우 10개월 만에 전세계로 퍼졌지. 그 이유는 도시가 늘어나고 비행기 등 교통 수단이 발달했기 때문이었어. 사람들이 세계 곳곳으로 이동하기 편리해진 만큼 독감도 빠르게 번져 갈 수 있었던 거야.

아시아 독감 이후에도 1968년에는 홍콩 독감으로 70만 명이 죽는 등 독감은 끊임없이 나타나 사람들을 괴롭혔어. 더 무서운 것은 앞으로 언제든지 이런 살인적인 슈퍼 독감이 유행할 수 있다는 거야. 전염병 전문가들은 이런 살인 슈퍼 독감이 다시 유행하는 것을 가장 두려워하고 있단다.

독감은 왜 막을 수 없나?

독감을 일으키는 인플루엔자 바이러스는 A형, B형, C형 등 크게 세 가지가 있다는 것이 밝혀졌다. 하지만 아직도 독감을 막지 못하고 있는 이유는 독감 바이러스가 쓰는 속임수 때문이다. 독감 바이러스는 일정한 구조를 가지는 것이 아니라 계속 변신을 한다. 그러니까 항상 예전과는 다른 새로운 독감들이 생겨나는 것이다. 그래서 독감 바이러스를 완벽하게 예방할 수 있는 백신을 만들 수 없다.

히히히, 난 변신의 천재라구!

또 하나의 공포, 사스와 조류독감

독감과 비슷한 증상을 보이는 질병에는 '사스'라고 불리는 중증급성호흡기증후군과 조류독감이 있어. 사스는 지난 2002년 12월 중국에서 처음 발생해 전세계에서 최소한 8400명을 감염시키고 800명을 숨지게 했어. 전세계를 공포에 몰아넣은 사스는 아직도 정확한 병의 원인이 밝혀지지 않고 있어. 지금은 주춤해진 상태지만 언제 또다시 유행할지 몰라.

조류독감은 닭이나 오리 등과 같은 새들에게 전염되는 병이야. 조류독감을 일으키는 바이러스는 사람에게 독감을 일으키는 바이러스와 달라. 그런데 새들에게만 전염되는 조류독감이 사람에게 전염되는 일이 생기기 시작했어. 2008년 4월까지 세계적으로 조류독감에 감염된 사람은 모두 382명이고, 그 중 241명이 죽었어.

조류독감이 페스트처럼 전세계를 휩쓸면서 엄청나게 큰 피해를 줄 것이라고 경고하는 사람들도 있어. 페스트도 원래는 쥐에 있는 페스트균이 벼룩을 통해 사람에게 옮겨 온 것이잖아. 새가 옮기는 조류독감은 철새를 따라서 전세계 어디든지 퍼져 나갈 수 있기 때문에 더 큰 피해를 볼 수도 있단다.

조류독감을 예방하기 위해서는 새들에게 가까이 가거나 모이를 주는 것을 피해야 해. 또, 손을 자주 씻는 등 개인 위생을 철저히 해야 한단다.

동양 의학

동양에는
동양 의학이 있다

동양 의학의 뿌리, 황제내경

동양에서도 오래 전부터 의학이 발달해 왔어. 동양 의학은 우리 나라를 비롯해서 중국, 인도, 일본을 중심으로 발달한 의학을 말해. 흔히 한의학이라고 하는 우리 나라 전통 의학도 동양 의학의 한 부분이지.

가장 오래 된 동양 의학 책은 중국의 〈황제내경〉이야. 〈황제내경〉은 중국 전설 속의 제왕인 황제가 신하들과 의학에 대해 나눈 대화를 기록한 책이야. 정확하지는 않지만 약 2200년 전에 쓰인 것으로 알려져 있어.

〈황제내경〉은 눈으로 볼 수 없는 우주의 기운과 생명력을 자세히 설명하고 있어. 그뿐만 아니라 병이 생기는 이유와 과정을 설명한 뒤 질병의 치료법과 예방법까지 다양하게 제시하고 있단다.

그 때까지만 해도 동양에서도 병은 신이 벌을 내린 것이거나 귀신 때문에 생긴다는 생각이 많았어. 하지만 〈황제내경〉은 **병은 몸의 질서가 깨져서 생기는 것**이라고 말하고 있어. 마치 서양 의학의 히포크라테스처럼 말이야.

〈황제내경〉은 지금까지도 한의학을 비롯한 동양 의학의 뿌리가 되고 있단다.

황제의 초상

사람의 몸은 작은 우주

동양에서는 먼 옛날부터 음양 오행의 조화를 중요하게 생각했어. 음양 오행이 뭐냐고? 음양이란 밝음과 어두움을 뜻하고, 오행은 물, 불, 나무, 쇠, 흙을 말해. 우주는 음양과 오행의 다섯 가지 물질이 조화를 이루었을 때 질서가 생기고 온전히 이루어지지.

동양 철학의 음양 오행설은 동양 의학에도 그대로 적용되었어. **동양 의학에서는 사람의 몸을 하나의 작은 우주로 보고 우리 몸도 우주처럼 음양 오행의 조화가 맞아야 한다고 해.** 만약 음양 오행의 조화가 깨지면 병이 생긴다는 거지.

그렇기 때문에 동양 의학은 서양 의학과 다른 점이 많아.

서양 의학에서는 병이 드는 이유를 몸에 병균이 들어왔기 때문이라고 생각하여 수술이나 약물로 아픈 부위를 잘라 내거나 병균을 없애서 병을 치료해. 하지만 동양 의학에서는 병이 드는 이유를 몸의 기운이 약해지거나 몸의 균형이 깨졌기 때문이라고 보아 **우리 몸이 스스로 병을 이길 수 있도록 몸의 기운을 북돋아 주고 균형을 맞추어 준단다.**

눈이 아파서 한의원에 가면 눈을 치료하는 것뿐만 아니라 눈과는 상관 없어 보이는 간장의 기능을 좋게 하는 약을 주기도 해. 이것은 우리 몸의 균형을 잡아 주기 위해서야.

몸이 아파서 병원에 갔는데 아무리 검사를 해도 이상이 없다고 말하는 경우가 있어. 병원의 발달한 의학 장비로도 병균이나 몸의 이상을 찾아 낼 수 없는 병들이 있는 거야. 병균이나 몸의 이상을 찾아 내지 못하면 서양 의학에서는 치료를 할 수 없어. 하지만 동양 의학에서는 몸 전체의 균형을 살피기 때문에 이런 경우에도 치료를 할 수 있단다.

동양 의학과 서양 의학은 이 밖에도 다른 점이 많아. 어떤 사람은 동양 의학은 과학적인 학문이 아니라고 무시하기도 해. 동양 의학은 합리적이고 직접적인 실험을 통해서 증명할 수 없기 때문에 미개한 의학이라는 거야. 하지만 동양 의학과 서양 의학 중 어느 것이 더 뛰어난가 하는 문제는 따질 수가 없어. 가장 좋은 것은 **동양 의학과 서양 의학을 잘 조화시켜 질병을 치료하는 일일 거야.**

죽은 사람을 살린 편작

 병원에 가면 엑스레이, 내시경 등을 비롯한 수많은 의료 기계들이 있어. 몸 속을 살펴보고 병의 원인을 찾아 내는 기계들이지. 하지만 동양 의학에서는 서양 의학처럼 특수한 기기를 이용하지 않고서도 질병을 진단할 수 있어. 겉모습을 살피거나 손으로 맥박을 짚어서 몸 속의 병을 알아 내는 거야.

 중국의 유명한 의사 편작의 이야기에서도 이런 동양 의학의 특징을 알 수 있어. 편작에 대해서는 중국의 역사책인 〈사기〉에 자세히 기록되어 있어. 편작은 중국이 여러 나라로 나누어져 혼란스럽던 시대에 활동했지.

 편작이 어떤 나라를 지나가다가 그 나라의 왕자가 죽었다는 소문을 들었어. 궁궐로 찾아가 왕자의 상태를 살펴본 편작이 말했어.

 "왕자님이 죽었다고 하지만 나는 왕자님을 살릴 수 있습니다."

 "죽은 사람을 살리다니? 네가 무슨 신이라도 된단 말이냐?"

 사람들은 편작을 비웃었어. 그러자 편작은 웃으며 말했어.

 "병이란 몸 안에서 일어나는 일이 밖으로 드러나는 것입니다. 그래서 겉으로 드러난 사소한 증상도 그냥 넘겨서는 안 됩니다. 왕자님은 콧구멍이 넓어졌고, 아랫배 부분에 따뜻한 기운이 남아 있습니다. 왕자님은 지금 죽은 것이 아니라 병으로 의식을 잃었을 뿐입니다."

"그렇다면 왕자를 살릴 수 있단 말이냐?"

왕은 편작에게 서둘러 왕자를 치료하라고 말했어. 편작은 침착하게 침을 놓고 약을 먹였어. 그러자 놀라운 일이 일어났어. 죽은 줄 알았던 왕자가 곧바로 일어난 거야.

"이럴 수가! 편작이 죽은 사람을 살려 냈다. 정말 대단한 명의야."

사람들은 기뻐하며 편작을 칭찬했어. 그러자 편작은 조용히 말했어.

"나는 죽은 사람을 살려 낸 것이 아니라 당연히 깨어날 사람을 일어나도록 했을 뿐입니다."

세상에! 죽은 사람을 살려 내다니.

옛날 동양 의학에도 수술이 있었다

동양 의학에서는 수술을 하지 않는 걸로 알려져 있어. 하지만 그렇지 않아. 기록에 보면 약 5000년 전에 중국의 유부라는 사람이 수술을 했다고 해. 그리고 약 3000년 전, 중국의 주나라에는 몸에 난 종기나 상처를 전문적으로 치료하는 양의가 있었어. 이 양의가 바로 지금의 외과 의사와 같은 역할을 한 거야.

수술할 때 마취제를 사용한 것도 서양 의학보다 동양 의학이 훨씬 빨랐어. 마취제를 처음 사용한 사람은 〈삼국지〉에 나오는 명의, 화타였어. 화타는 대단한 수술 기술을 가지고 있었다고 해. 특히 마불산이라는 마취약을 만들어 전신 마취를 해서 장 수술을 했어. 화타의 마불산은 서양의 마취제인 에테르보다 2000년 정도 빨랐던 거지.

한의학의 시작

 우리 나라에도 먼 옛날부터 전통적인 의학이 있었어. 바로 한의학이야. 한의학의 기원은 단군 신화의 쑥과 마늘에서 찾을 수 있어. 왜 하필 쑥과 마늘을 곰과 호랑이에게 먹으라고 했을까? 쑥과 마늘은 몸을 건강하게 해 주는 식물들이야. 그 당시 사람들도 약이 되는 식물에 대해서 알고 있었다는 뜻이지.

 삼국 시대에 중국의 의학책이 들어오면서 의학은 본격적으로 발달하기 시작했어. 특히 백제에서는 관청에 약부를 두어 약초와

약재를 연구했어. 그리고 〈백제신집방〉이라는 의학책을 만들어 일본과 신라에 의학 기술을 전해 주었지. 고구려 시대에는 못 고치는 병이 없다는 소문이 났을 정도로 침술이 발달했단다.

통일 신라 시대 이후 한의학은 더욱 발달했어. 고구려, 백제, 신라로 나누어져 있던 의학 체계가 하나로 묶였으니까 당연했겠지.

고려 시대에는 의술을 담당하는 '전의시', '태의감' 등과 같은 관청이 만들어졌고, 서민들을 치료하는 '혜민국', '제위보'가 설치되었어. 또한 지금까지 전해지는 가장 오래 된 우리 나라 의학책인 〈향약구급방〉이 쓰인 것도 고려 시대였어.

조선 시대에는 전의감과 내의원, 혜민서와 같은 의료 기관을 두었고, 의과라는 과거 시험을 통해 의원을 뽑았어. 세종 대왕 때는 그 때까지의 한의학을 집대성한 〈향약집성방〉, 〈의방유취〉 등의 의학책이 만들어졌어. 또한 허준의 〈동의보감〉과 이제마의 사상 의학이 만들어져 우리 나라 한의학의 새로운 지평이 열렸단다.

우리 나라 의학을 세계에 알린 동의보감

〈동의보감〉을 쓴 허준은 조선 시대 궁궐에서 왕과 왕족들을 돌보던 어의였어. 그 때, 우리 나라에는 커다란 전쟁이 있었어. 바로 임진왜란이야. 1592년, 일본의 침략으로 시작된 임진왜란은 7년 동안이나 계속되었어. 오랜 전쟁으로 집은 불타고, 논과 밭은 황무지가 되었지. 마을마다 죽은 사람과 부상당한 사람들로 넘쳐났어. 더군다나 전염병까지 돌아 사람들의 생활은 더욱 어려웠단다.

"병에 걸려도 가난한 백성들은 어떻게 치료해야 할지 모르고 있어. 잘못 치료해서 병을 더 키우기도 하고 말이야. 하루 빨리 사람들에게 필요한 의학책을 완성해야겠어! 어떤 병인지, 어떻게 치료하는지 명확히 알 수 있는 책 말이야."

허준은 전염병 치료에 힘을 쏟는 한편, 의학책을 하루라도 빨리 완성하고 싶었어. 하지만 수많은 질병에 대해서 체계적으로 정리하고 치료법을 상세히 쓰는 일은 쉽지 않았어. 오랜 노력 끝에 마침내 허준은 1613년, 25권의 의학책을 완성하여 세상에 내놓았어. 그 책이 바로 〈동의보감〉이야.

〈동의보감〉은 〈황제내경〉 이후 발전해 온 동양 의학에 **풍부한 경험과 새로운 지식을 종합해서 동양 의학의 표준을 제시한 책**이야. 〈동의보감〉에서 가장 돋보이는 부분은 단순히 병을 치료하는 방법을 적은 것이 아니라 몸과 정신의 건강과 수양을 중요하게

백성들을 위한 의학책을 써야 해.

생각했다는 점이지. 몸의 균형과 건강이 병을 이길 수 있다는 것은 동양 의학의 원칙이지만 이런 원칙으로 의학을 정리한 책은 그리 많지 않았거든.

〈동의보감〉은 우리 나라뿐만 아니라 중국과 일본에서도 출판되어 중요한 의학 교과서로 자리잡았어. 〈동의보감〉은 우리 나라 의학을 세계에 알린 자랑스러운 책이란다.

체질에 따라 치료법이 다르다

허준과 함께 한의학을 빛낸 사람이 바로 이제마야. 이제마는 조선 시대 후기에 살았던 사람이야. 원래는 고을을 다스리는 관리였지만, 관직보다 의학에 관심이 많았지. 그래서 의학책을 찾아 읽고, 전국을 돌아다니면서 약초나 치료법에 대해서 공부를 했어.

이제마는 자신이 배운 대로 주변 사람들을 치료해 주었어. 그런데 이상하게도 똑같은 병에 걸린 두 사람을 똑같은 약으로 치료했는데, 한 사람은 금방 낫고 한 사람은 잘 낫지 않는 것이었어.

'도대체 왜 이렇지? 분명히 책에 적힌 약초로 똑같이 치료를 했는데······.'

이러한 의문은 머릿속에서 내내 떠나지 않았어. 이제마는 이 문제를 풀기 위해서 오랫동안 여러 가지 연구를 했어. 그래서 내린 결론이 **사람마다 체질이 다르고, 체질에 따라서 약도 다르게 써야 한다는 것**이었지. 이렇게 해서 만들어진 것이 바로 **사상 의학**이야.

사상 의학에서는 사람을 체형이나 몸 속 오장육부의 튼튼하고 약함에 따라 태양인, 태음인, 소양인, 소음인의 네 가지 체질로 나눠. 그리고 그에 따라 성격이나 생김새, 병의 증상이 다르다고 봐. 당연히 같은 병이라도 체질에 따라 약을 달리 써서 치료하지. 몸에 좋은 음식이나 알맞은 운동도 체질에 따라 다르다고 주장해.

이제마의 사상 의학은 한의학뿐만 아니라 동양 의학에서도 획기적인 이론으로, 지금까지도 널리 사용되고 있단다.

네 가지 체질의 신체적 특징

태양인 : 폐가 크고 간이 작은 사람이다. 몸에 비해 머리가 크고 가슴 윗부분이 발달했지만, 엉덩이가 작고 다리가 약하다.

태음인 : 폐가 작고 간이 큰 사람이다. 보통 키가 크고 살찐 사람이 많다. 허리가 잘 발달해 서 있는 자세가 안정적이다.

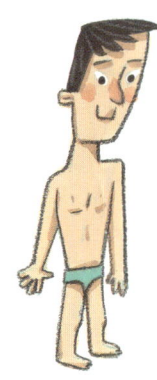

소양인 : 비장이 크고 신장이 작은 사람이다. 가슴이 넓고 튼튼하지만 엉덩이가 작다. 목은 가늘고 긴 편이다.

소음인 : 신장이 크고 비장이 작은 사람이다. 체격은 작은 편으로 키가 작고 가슴이 좁으며, 엉덩이가 크고 다리가 두꺼운 편이다.

우리 나라에는 우리 의학이 있다

미래 의학은 어떤 모습일까?

모든 질병을 정복할 수 있을까?

지구상에 인류가 나타난 이래 수많은 질병이 사람들을 괴롭혔어. 천연두, 한센병, 페스트, 결핵, 콜레라 등의 전염병은 셀 수 없을 만큼 많은 사람들의 목숨을 빼앗아 갔지. 하지만 인류는 질병에 속수무책으로 당하기만 한 것이 아니라 끊임없이 질병을 이길 수 있는 방법을 찾아왔어. 그것이 바로 의학이야.

의학은 계속해서 발달해 왔어. 특히 세균을 발견한 1800년대 말부터 의학은 눈부신 발달을 했어. 그 동안 사람들을 괴롭혀 왔던 질병들의 원인이 잇따라 밝혀졌고, 그 치료법까지 속속 개발되었지.

그렇다면 과학과 의학이 발달하면 모든 질병을 완전히 정복할 수 있을까? 천연두를 완전히 몰아 냈을 때만 해도 많은 사람들은 모든 질병을 정복할 날이 멀지 않았다고 장담했어. 암을 비롯한 고치기 힘든 질병에 대한 치료법까지 연구되면서 정말 모든 질병을 정복할 것만 같았지.

하지만 얼마 되지 않아 에이즈가 전세계로 퍼져

나가 사람들을 공포에 떨게 했어. 에이즈는 치료법이 전혀 없는 새로운 질병이었어. 그뿐만 아니라 사스나 조류독감 같은 새로운 질병이 계속 나타나 사람들을 위협하고 있어.

현대의 많은 과학자들은 모든 질병을 완전히 정복할 수 있다는 생각은 환상일 뿐이라고 말해. 새롭게 나타나는 질병도 문제지만, 병을 일으키는 병균들이 끊임없이 진화하기 때문이야.

병균을 죽일 수 있는 항생제를 개발하면 잠깐은 효과를 볼 수 있어. 하지만 시간이 지나면 병균은 항생제를 견딜 수 있는 힘을 가지게 돼. 더 큰 효과를 가진 항생제를 개발하면 병균 역시 거기에 맞게 진화를 하지. 이런 악순환이 계속되기 때문에 과학자들은 병균을 완전히 정복하기보다는 병균과 적절히 균형을 이루면서 사는 방법을 찾아야 한다고 이야기해.

모든 질병을 완전히 정복할 수 없다고 해도 **의학의 발달은 사람들을 좀더 건강하게 오래 살게** 해 줄 거야.

미래에는 어떻게 병을 치료할까?

현대 의학에는 생물학, 생화학, 유전학, 생명 공학 등 과학적 연구들이 모두 동원되고 있어. 그래서 '생명 과학'이라고 불러. 생명 과학에서 중요하게 연구되는 것은 새로운 치료제나 백신뿐만 아니라 나노 기술, 생명 복제, 유전자 지도 등 다양해. 이런 연구를 바탕으로 미래 의학은 지금과는 전혀 다른 모습을 하게 될 거야.

나노 기술

나노란 10억분의 1을 뜻하는 말이야. 그러니까 1나노미터는 10억분의 1미터로, 사람 머리카락 굵기의 10만분의 1에 해당돼. 나노 기술이란 이렇게 작은 크기의 물질을 만들거나 다루는 기술을 말해. 나노 기술은 엄청난 가능성을 가지고 있기 때문에 미래에 가장 유용하게 쓰이게 될 과학 기술이라고 해.

나노 기술이 발달하면 의학에서도 큰 변화가 일어날 거야. 10억분의 1미터 정도의 작은 로봇이 우리 몸을 치료하게 될지도 몰라. 몸 속으로 들어간 작은 로봇이 핏줄을 타고 돌아다니면서 이상이 생긴 곳을 치료하거나 병균을 죽이는 거지.

생명 복제

생명 복제는 한 생명체와 똑같은 유전자를 가진 생명체를 만들어 내는 기술이야. 한 생명이 태어나기 위해서는 엄마 아빠가 있어야 하지만 생명 복제는 세포를 이용해서 생명을 만들어. 생명 복제로 태어난 생명체는 생김새, 성격, 능력 등이 복제한 생명체와 똑같아. 손오공이 분신술을 통해서 자기와 똑같은 분신을 만들어 내는 것과 같은 거지.

생명 복제는 생명을 가볍게 여길 수 있고, 자연의 순리를 거스른 행동이라고 해서 많은 비판과 우려의 목소리가 있어. 영화에서 봤던 복제 인간이 만들어질 수도 있다는 거지. 하지만 인간 복제를 철저히 금지한다면 생명 복제는 의학을 획기적으로 발달시킬 수 있단다. 생명 복제를 통해서 사람에게 필요한 장기를 만들어 낼 수 있기 때문이야.

미래 의학은 어떤 모습일까?

인공 장기는 동물 복제를 통해서도 얻을 수 있어. 사람의 장기와 비슷한 복제 동물을 만들어 필요한 사람에게 심장이나 간 같은 장기를 이식할 수 있단다.

유전자 연구

부모가 키가 작으면 아들이나 딸도 키가 작아. 그리고 부모의 머리가 곱슬머리이면 자식도 곱슬머리인 경우가 많지. 이렇게 사람들이 부모를 닮는 이유는 부모의 유전자를 물려받았기 때문이야. **유전자에는 사람의 생김새나 성격 등을 결정하는 암호가 담겨 있어.** 뿐만 아니라 인간의 생명이나 죽음, 질병에 관한 정보도 담겨 있지.

그래서 지금 세계적으로 인간의 유전자 암호를 풀기 위한 연구가 진행되고 있어. 언제가 될지 모르지만 유전자 암호를 풀어 낸다면 생명의 비밀이 풀리게 될 거야. 또한 유전 정보를 통해서 언제 어떤 병에 걸릴 것인지 예측할 수도 있게 된다고 해. 그리고 암, 당뇨병, 에이즈 등과 같은 난치병을 치료할 수 있는 길도 열리게 돼. 질병을 일으키는 유전자를 다른 유전자로 바꾸어 주면 되니까 말이야.

미래의 의사들은 어떤 모습일까?

미래에는 의사들의 모습도 많이 달라질 거야. 흰 가운을 입고 환자를 진찰하거나 수술을 하는 모습은 찾아보기 힘들어질지도 몰라. 나노 기술의 발달로 모든 사람들이 몸 속에 자신의 건강 상태를 살펴볼 수 있는 로봇을 가지게 될 테니까 말이야. 의사를 만나서 진찰을 받을 필요가 없어지는 거지. 수술 역시 매우 정교한 수술 로봇이 대신하게 될 거야.

하지만 아무리 과학이 발달해도 변하지 말아야 할 것이 있어. 바로 생명에 대한 사랑과 환자를 치료하기 위해 최선을 다하는 의사로서의 마음가짐이란다. 미래의 의사를 꿈꾸는 너희들도 꼭 기억해 두렴!

차별과 편견을
뛰어넘은 여성 의사들

　세계 최초의 여성 의사는 엘리자베스 블랙웰이다. 1821년, 미국에서 태어난 엘리자베스는 의사가 되고 싶었지만 꿈을 이루기가 쉽지 않았다. 당시에는 여성들은 자유롭게 직업을 선택하기보다는 집 안에서 살림을 하는 것이 당연하다고 여겼기 때문이다.
　미국의 어느 대학도 엘리자베스의 입학을 거절했다. 가까스로 제네바 의과 대학에 입학할 수 있었지만, 학교에서도 여성에 대한 편견과 무시는 계속되었다. 심지어 해부학 강의실이나 임상 실습실에 들어갈 수조차 없었다.
　엘리자베스는 온갖 어려움을 이기고 의과 대학을 졸업한 뒤 마침내 의사가 되었다. 하지만 미국의 병원에서는 여자라는 이유로 엘리자베스를 받아 주지 않았다. 결국 엘리자베스는 개인 병원을 차려 여성과 어린이들을 진료하기 시작했다. 엘리자베스의 세심하고 열성적인 진료는 큰 호응을 얻으며 병원은 크게 발전했다. 엘리자베스는 여기서 멈추지 않고 여성들이 다닐 수 있는 의과 대학을 설립해 많은 여성 의사들을 길러 냈다.

　우리 나라 최초의 여의사는 박에스더이다. 1879년에 태어난 박에스더의 본명은 김점동. 에스더는 세례명이고 성은 미국식으로 남편의 성을 따른 것이다. 박에스더는 우리 나라 최초로 미국으로 유학을 간 여성이었고, 1900년 볼티모어 여자 의과 대학을 졸업하여 우리 나라 최초의 여성 대학 졸업자이자 여성 의사가 되었다.

　의사가 되어 우리 나라로 돌아온 박에스더는 서양 의료 혜택을 받지 못한 시골 구석구석을 가마나 나귀를 타고 돌아다니며 환자들을 돌보았으며, 여성 교육의 중요성을 강조했다.

　여성에 대한 차별과 편견을 뛰어넘은 엘리자베스 블랙웰과 박에스더 덕분에 오늘날에는 많은 여성들이 의사로 활동하고 있다. 의사라는 직업은 세심한 손길로 환자를 돌봐야 하기에, 미래에는 더 많은 여성 의사들이 의료 현장에서 자신의 꿈을 펼쳐 나갈 것으로 기대되고 있다.